中国古代著名商人与商业

徐 潜 / 主编

张 克 崔博华 / 副主编

张 鸽 肖艳丽 / 编著

ZHONGGUO GUDAI ZHUMING SHANGREN YU SHANGYE

吉林文史出版社

图书在版编目（CIP）数据

中国古代著名商人与商业 / 徐潜主编 . —长春：吉
林文史出版社，2013.4
ISBN 978-7-5472-1532-6

Ⅰ.①中…　Ⅱ.①徐…　Ⅲ.①商人-生平事迹-
中国-古代-通俗读物　②商业史-中国-古代-通
俗读物　Ⅳ.①K825.3-49　②F729.2-49

中国版本图书馆 CIP 数据核字（2013）第 064002 号

中国古代著名商人与商业
ZHONGGUO GUDAI ZHUMING SHANGREN YU SHANGYE

出 版 人	孙建军
主　　编	徐 潜
副 主 编	张 克　崔博华
责任编辑	崔博华　董 芳
装帧设计	昌信图文
出版发行	吉林文史出版社有限责任公司（长春市人民大街 4646 号） www.jlws.com.cn
印　　刷	三河市燕春印务有限公司
版　　次	2014 年 2 月第 1 版　2021 年 3 月第 3 次印刷
开　　本	720mm×1000mm　1/16
印　　张	12
字　　数	250 千
书　　号	ISBN 978-7-5472-1532-6
定　　价	33.80 元

序　言

　　民族的复兴离不开文化的繁荣，文化的繁荣离不开对既有文化传统的继承和普及。该书就是基于对中国文化传统的继承和普及而策划的。我们想通过这套图书把具有悠久历史和灿烂辉煌的中国文化展示出来，让具有初中以上文化水平的读者能够全面深入地了解中国的历史和文化，为我们今天振兴民族文化，创新当代文明树立自信心和责任感。

　　其实，中国文化与世界其他各民族的文化一样，都是一个庞大而复杂的"综合体"，是一种长期积淀的文明结晶。就像手心和手背一样，我们今天想要的和不想要的都交融在一起。我们想通过这套书，把那些文化中的闪光点凸现出来，为今天的社会主义精神文明建设提供有价值的营养。做好对传统文化的扬弃是每一个发展中的民族首先要正视的一个课题，我们希望这套文库能在这方面有所作为。

　　在这套以知识点为话题的图书中，我们力争做到图文并茂，介绍全面，语言通俗，雅俗共赏。让它可读、可赏、可藏、可赠。吉林文史出版社做书的准则是"使人崇高，使人聪明"，这也是我们做这套书所遵循的。做得不足之处，也请读者批评指正。

编　者

2014 年 2 月

目 录

古代商人与商业

　　商业是以货币为媒介进行交换从而实现商品的流通的经济活动。一般认为，商业源于原始社会以物易物的交换行为，它的本质是交换，而且是基于人们对价值的认识的等价交换。我国古代商业自产生之后不断发展，到宋元时期空前繁荣。商品经济的发展影响人们的生活和价值观念。许多商人，富而不忘本，大行义举；经商不忘忧国，为祖国分发展贡献了自己的一份力量。

一、我国古代商业发展概况

（一）秦以前的商业

商业发生的前提是交换。在氏族部落的接触中，物物交换可能已经产生了。在甘肃的遗址中发现有磨制的玉石、玉瑗和海贝，据推测，玉可能是从新疆来的，贝可能是从沿海来的，二者都可能是通过物物交换得来的。随着父权制取代母权制，部落之间的交换有了进一步发展。剩余粮食增多和交通便利成为原始社会交换的两个先天条件。资源条件和生产技术发展不平衡所造成的产品在地区间的有无、巧拙，成为促使部落之间通过交换相互补充的原因。据《尸子》记载，舜"顿丘买贵，于是贩于顿丘，传虚卖贱，于是债于传虚"。这说明部落之间的商品交换有了新的发展，人们开始考虑交换的比例了。

在神农、黄帝和尧、舜时代，我国还处在原始社会时期。虽然交换已经产生，但尚未发展到产生货币的程度，而某些自然物，如龟壳、皮革、齿角、工具等则在不同地区充当了等价物。到了夏代，原始公社瓦解而进入奴隶社会，私人之间的交换产生了。频繁的交换使某种商品从商品中脱离出来，成为专门用作等价物的特殊商品。牲畜最先被用来作为货币，物字从"牛"便是证据。有了货币，商品交换才会分裂为买和卖两个对立的行为，商人才可能插入其中进行商业活动，才能够从生产者手中把商品购买过来，转卖给消费者。

从公有制转变为私有制，这是商业资本产生的经济基础。夏启以后，社会分工又继续扩大，社会剩余产品比以前大为增加。生产者直接把产品出卖给消费者的交换形式已经不能满足剩余产品进一步增加的需要，于是商业便作为一个独立的社会经济部门从生产者的副业劳动中分离出来。

在商代，因重视商业，商民善于经商，所以后世将经商的人称为商人。商民有相当一部分专门从事商业经营。商品交换的发展使货币逐渐产生。海贝、骨制贝、铜制贝都曾作为货币进行交换。1958年在殷墟发掘中，就发现了铜贝。我国的铜贝是世界上已发现的最早的金属货币。商朝都城在当时已成为繁荣的商业都市，有"商邑翼翼，四方之极"之称。

到了西周，在商品经济的刺激下，土地开始租让，不过田地租让是要在周王朝大臣参与和监督下进行，出让的邦君要对邢伯等王朝大臣立誓，并由他们派遣司徒等官员去勘察田界。货币也有了新的发展。这时金属货币已经广泛使用，但同时杂以玉、布、帛和粟等。金属货币中以铜质铸币为主。在金属铸币不够用的情况下，以重量称的铜竟也被作为货币来流通。但金属货币毕竟有限，主要在奴隶主贵族和大商人之间流通。流通的还有珠、玉和贵重的皮张。而贫民之间生产用具和产品，如刀具、农具、兽皮、布、粟等则成为主要的货币流通手段。

春秋战国时期，社会生产力有了重大的变革，铁器成为主要工具。在农业和手工业发展的基础上，一方面投向市场的商品增多了，另一方面从市场购买的商品也增多了。商品交换发展迅速，商业发达，各地土特产品交流频繁。在中原市场上可以买到南方的象牙，北方的马，东方的鱼、盐和西方的皮革。许多城市成为繁华的商业中心，如齐国临淄、赵国邯郸、楚国郢等，这些城市经济发达，都聚集着很多人口。贸易往来的增多促进了交通的发展，也促进了城市的发展。由于交易频繁化，一些日常用具被借用作为度量工具。

随着市场商品流通的发展，货币流通也相应地发生了变化。春秋末年开始出现金属铸币。也开始征收关市税。在此以前，地区间的贸易是不征税的，关口的职责是稽查督察，维持治安。但到了东周就开始有关市之赋了。为了与商品流通发展相适应，要重视市场管理问题。《周礼》就有明确的市场行政管理的规定。商业成为

社会的一个重要职能部门，在城乡中与士、农、工一起构成了四个重要的组成部分。在城市中自然形成了一个商人集中的市区，他们就成为市区的基本居民，即所谓"市人"。

自由商人的经营方法很先进。在频繁的交易中他们积累了丰富的经商经验，甚至总结为经商理论。《国语》中提到"贾人夏则资皮，冬则资绤，旱则资舟，水则资车"。就是说夏天要提前办理冬货，冬天也要提前办理夏令商品，天旱时要准备涝时的货物，水涝时也要准备天旱的商品。

自由商人在经济上获得一定基础，社会地位逐渐提高，开始干预政治。大商人凭借其经济力量足以与统治者相抗衡。商业的发展不仅破坏了奴隶制生产方式的基础，而且也冲击其落后、腐朽的上层建筑。自由商人的发展到处破坏奴隶制生产方式，加速其崩溃。这不仅表现在商人是货币财富的主要聚集者和拥有者，货币势力到处破坏宗法的、世袭的奴隶经济，而且商人能以其特有的活动形式将土地从分封世袭的井田制解放出来，变成买卖对象。购买土地后相当多的人变为新兴的封建地主。

各诸侯国经过长期的兼并，到战国时期已形成齐、楚、燕、韩、赵、魏、秦七雄对峙和混战的局面。在农业和手工业发展的基础上，各地区之间开展了广泛的商品交流，密切了经济联系和文化联系。战国时期中原形成了统一的市场，规模大，辐射广，四方产品在中原市场上都可以买到，封建城市成为繁荣的商业中心，如临淄、邯郸、郢等。战国时期我国生产力有了重大的发展，主要表现为冶铁业的兴起，铁器在生产中已经普遍使用。新中国成立后，战国晚期的铁农具和其他铁器大量出土，遍及辽宁、山东、山西、河南、陕西、湖南、四川等省，多达二十几处。

地区之间商品交换大大扩展起来。许多地方都有自己的土特产，当时的文献《禹贡》罗列了各州的物产，都是各州出产最多、最好的产品，反映地区商品流通已有了必要的基础。城市市场的发展与小商品生产的关系密切了，市场上行业因而增多了。有金铺、鞋铺，有卖兔的、卖茅草的，有屠狗的、卖酒的。一些独立的手工业者开始注意保持商品质量，以利竞争。为了在竞争中取得优势，他们开始注意技术保密。宋国有人"善为不龟手之药者"，有人出百金要买他的处方，这家手工业者认为世代干这活所得不过数金，现在一下可得到百金，很划算，便把方子卖给了他。

市场交易的频繁，必然产生对货币的大量需要，并且促使铸币制度走向成熟。战国时期，我国存在几种不同的货币体系。它的特点是以铜币为主，杂以金、玉、布、帛、贝币、铜铸币，概括起来可分四种：刀币，起源于东方渔猎区和手工业较发达地区，是以一种刀子演化而来的，流行于齐国；布币，原是一种农具，起源于西北农业比较发达的渭水、汾水流域，流行于秦、燕、魏、赵境内，但燕、赵与齐接壤地区刀币、布币并行；圜钱，古代民族都有制作石环的习俗，圜钱很可能是由纺轮演变而来，又称泉，意思是像泉水一样，畅通无阻。战国末年，除楚以外，其他地区都采用圜钱了；楚币，有两种形式，一种是扁平的黄金小方块，俗称"金饼"，一种是蚁鼻钱，即铜贝。此时，关市赋税已成为诸侯国财政收入的重要来源。

商业发展到战国末期，各地贩运商大增，他们富有冒险精神，追求高额利润，在沟通地区经济联系，开发落后地区方面起到重要作用。商人开始掠夺小生产者，垄断盐铁，积累了巨额财富。随着商人资本经济力量的加强，商人的社会地位也相应提高。但是商人的经济力量和政治势力的加强客观上又侵犯了地主阶级的利益，这使双方不可避免产生了矛盾。此外，战国诸子对商业的肯定态度和对商业理论的建设大力推动了我国古代商业的发展。但是商鞅"重农抑商"的观点对商业发展也产生了深刻的影响。

（二）秦汉大一统时期的商业

公元前 221 年，秦始皇消灭了六国，建立了中国历史上第一个统一的、全国性的封建王

中国古代著名商人与商业

朝——秦朝。统一后的秦朝虽然只存在了二十八年，但这个中央集权的封建国家却揭开了中国以汉族为主体的长期统一的封建国家的历史序幕。秦始皇统一后所采取的一系列的统一的政策措施，对建立国内市场起着十分重要的作用。他废除了过多的关卡，统一了税收，畅通了商路，促使全国经济融为一体。修驰道，通水路，去险阻，发展了全国的水路交通。统一货币、度量衡、车轨和文字，也在一定程度上促进了商业的发展。

秦代虽然采取了一系列统一的政策，有利于发展商品流通，但在商业方面，秦代继承了商鞅"重农抑商"的思想。秦朝继续推行盐铁等管制政策；大规模地迁徙六国的豪富到咸阳，以消弱各诸侯国的经济力量；征发有市籍的商人去戍边，所谓的市籍是指战国时编入在城邑中居住的商人，他们都是小商人，这些人的社会地位很低，一度被秦王作为征发的对象。

公元前206年，刘邦建立了汉朝。汉初的社会生产力处于被严重破坏的时期。经过了文帝、景帝、武帝的发展，商业呈现出空前繁荣的局面。城市都设有专供贸易的"市"，如长安有东、西九市，市内商肆整齐有序。各民族之间贸易繁荣。货币以黄金和铜钱为主币，到汉武帝时通用五铢钱。一些名都大邑相当繁荣，除长安外，还有洛阳、成都、邯郸、临淄和宛，当时称为"五都"。各地较小的都会，更是不胜枚举。国内统一、开放关卡、减轻赋税、允许自由贩运，地区物质交流扩展起来了。一些以前只有贵族才能享用的奢侈品，现在庶民中的富裕者也能享用了，如丝织品。

由于内地和边区、汉族地区和少数民族地区贸易往来频繁，促成了中国和外国的贸易往来。在西北，自张骞出使西域后，开辟了著名的商路——丝绸之路，中国的丝和丝织品运到伊朗，再从伊朗运到欧洲的罗马。汉朝与朝鲜、日本、越南也有频繁的贸易联系。中国的丝绸、铜器、铁器和养蚕技术等逐渐传入日本。汉武帝还开辟了海上丝绸之路，最远抵达印度半岛，加强了中国与东南亚、南亚各国的往来。地区之间乃至国内外之间贸易的发展，在经济上和政治上做出了重要的贡献。

汉朝的商业发展中，民间自由商业较之官营商业更加活跃。在汉惠帝、汉文帝的黄老之术的治理下，商业政策有所放松。随着农业和手工业的发展，民间从事商业的人比战国时期增多了。司马迁在《史记·货殖列传》中提到："天下熙熙，皆为利来；天下攘攘，皆为利往。""用贫求富，农不如工，工不如商，刺绣文不如倚市门。"一些经济发达地区，外出经商的人日益增多，出现了乡土性的贩运商。城市商业发展的繁盛不仅行业繁多，而且发展了居间业和服务业。

两汉时期，虽然商业有很大发展，民间自由商业活跃，但当时商业资本主要是大型商业资本，已经表现出它的落后性。它不仅采取封建的剥削方式，而且与新兴的地主阶级紧密地结合在一起，依仗封建统治势力，残酷地剥削农民、手工业者和小商贩，而且与古老的、寄生的高利贷资本结合在一起，甚至保留过时的、腐朽的奴隶制剥削。到东汉灵帝时，贩卖官爵更为普遍，贪官污吏因此更多，吏风更坏，富商大贾的兼并更是肆无忌惮了。

汉初，高祖刘邦为了避免社会阶级矛盾激化，推行了抑制富商大贾的政策。具体做法有如下三点：第一，禁止商人在生活上僭越、破坏封建等级制度，以利于巩固封建统治；第二，征收高额赋税，抑制商贾的利润收入，以防止商业资本膨胀；第三，禁止商人做官，以免商人干预政治，防止封建地主阶级的政权被破坏。此外，为了加强中央集权的力量，刘邦把各地的富商大贾和六国贵族后裔以及大官僚都集中到首都附近的陵园，以缓解地方政治势力之间的经济矛盾，加强对北方匈奴的防御实力。

但是这样并不能遏制商业资本的膨胀。为了恢复和发展生产，汉朝对盐、铁等关系国计民生的重大产品的生产实行开放政策，允许自由生产和运销。孝文帝五年，关系国家命脉的铸币权也在私人手中，使富商大贾的财富不仅没有受到限制，反而膨胀起来，兼并势力不仅没有抑制反而扩张了。

汉武帝即位之初，开始改变过去"无

为"的治国方略，解决中央集权与地方割据的矛盾，汉王朝与少数民族之间的矛盾以及改革财经管理等问题。在边事连绵、大兴水利、灾害频繁、财政负担重的情况下，汉武帝采取了严厉的抑商政策。具体措施有：第一，改革币制，把铸币权和发行权收归中央政府，打击了地方的割据势力和兼并势力；第二，发配有市籍的人如商人及其子孙去戍边；第三，增收各种税款来增加财政收入，如营业税、车船税；第四，实行盐铁官营；第五，实行均输法，由中央政府在各地设立均输官，把各地供输的物品接纳下来，不必远道运到京师，而由均输官把这类货物送往需要它们的地方买卖；第六，由中央政府在京师设置平准官，接受各地运来的货物，以防止商贾囤积居奇；第七，实行酒类专卖，由官府卖酒。汉武帝的这些政策使得官营商业有很大的发展。然而到了西汉后期，这些政策不是废止就是已变质，封建政权日趋保守、腐化，与豪强兼并势力同流合污。贵族、大地主、大官僚和富商大贾紧密联合在一起，社会矛盾日益激化，封建统治发生了危机。而在东汉，各种政策的实施表明其政权已经不再抑制富商大贾了。法律上也没有西汉那种贱商的规定。到了东汉末年，大商人依托宦官势力，从仕途出身的集团那里夺得了一批官职。汉灵帝时公开卖官，商人、地主和官僚三方结合更加稳固。在贵族、大官僚、大地主和大商人的兼并下，大批农民、手工业者、小商贩和贫苦的债务人沦落为豪强的奴仆、婢妾、半农奴、部曲（私家武装力量），兼并势力逐渐成为割据势力，东汉政权在这种情况下瓦解了。

（三）隋唐时期的商业

581 年，隋文帝杨坚夺取了北周政权，建立了隋朝，不久消灭了南方的陈朝，统一了中国。隋朝的统治虽然短暂，但却为唐朝的繁荣发展奠定了基础。隋文帝在政治经济方面做了一些进步的、积极的改革，包括职官制度、府兵制度、科举制度、刑法等，并继续实行均田制。在赋税方面也一再减免某些地区若干年的租税等。整顿了户口，增加了自耕农人数，减轻了农民所承受的剥削。在这种情况下，小农经济的积极性有所提高，手工业也相应地发展起来，市场日渐繁荣。隋朝对盐、酒都采取开放政策，废止专卖。隋文帝时，商品流通和商业都有所发展。但到隋炀帝时，由于骄奢淫逸，暴虐苛征，生产遭到严重破坏，商品流通和商业遽然中衰。这时，商业主要掌握在大官僚手中。官僚不仅经商还和富商大贾勾结在一起。在征讨高丽的战争中，炀帝一再向商人富贾大量征发，要他们出钱买马和驴，一匹马价格高达十余万，致使富商大贾也破产了，商业一落千丈。广大人民走投无路，只能起义以抗暴政。刚刚统一了南北朝的隋朝就这样结束了。

681年—907年是中国封建社会空前繁荣的唐朝统治时期。从开国到安史之乱爆发前是唐朝的鼎盛时期，出现过历史上有名的"贞观之治"和"开元盛世"。安史之乱后，藩镇跋扈，出现了割据局面，使封建经济发展受到阻碍。总的来说，在唐朝，市场和商业空前繁荣起来。

唐代以前，我国的城市基本上是政治中心和经济中心的统一。唐以后，出现了政治中心和经济中心的分离，如扬州和成都。唐代商人的足迹遍及全国。交通要道上有接待客商的私家店肆，备有"驿驴"，供客商骑用，运河、长江上商船往来不绝。"开元通宝"成为通用的货币，后期的货币都以它为范式。唐的市场较前代更为发达，城市里有固定的贸易场所——市，市中有邸店和柜坊，柜坊是我国最早的银行雏形，这比欧洲地中海沿岸一带的金融机构要早六七百年。一些繁华的大城市里有了夜市，广大农村和偏远地区有定期举行的早市。唐政府允许外商在境内自由贸易，因而胡商遍布全国各大都会。古代商业的发展一般从商品种类的增多、市场的扩大、商人的活跃、交通的发达、货币种类的增加、城市的繁荣等方面表现出来，海外贸易也是商业发展的表现之一。唐朝时扩建的长安城，整体设计合理，建筑规模宏大，体现了城市建筑的高超技术。

此外，唐朝还有发达的水陆交通，商

人足迹遍布全国；城市经济发达，管理严格、规范，市场的买卖有严格的时间和地点限制，有"日中为市"的规定，唐中期以后出现了夜市；城市十分兴旺，长安和洛阳是当时全国的政治、文化中心，也是全国的商业大都会，唐中期以后，长江流域的成都和扬州成为经济中心，经济地位超过了长安和洛阳。

对外交通发达，海上和陆路"丝绸之路"并进，与西亚、南亚、东亚和东南亚国家有密切的交往，并与欧洲和非洲国家有贸易联系；唐朝政府实行开放的外交政策，鼓励外商到中国贸易。

（四）宋代商业

960 年，宋太祖赵匡胤取代了后周，建立了北宋。他死后，即位的宋太宗基本统一中国。北宋时期，商品流通比唐代有很大的发展。进入市场的产品在数量和品种方面都大量增加。就数量来说，淮南、荆南、福建及四川诸路，每年上交给政府专卖的茶叶就多达 1400-1500 万斤。北宋时期，十万户以上的城市较之唐代的十几个增加到四十多个。其中最繁华的是首都汴梁（因为长安、洛阳多次遭战争的破坏，所以汴梁成为全国商业最繁华的城市）。当然人口增加不等于商品需求量增加，关键还得有货币收入。北宋时期，农民出售副业产品有所增加，住在农庄里的地主为了满足自己的奢侈生活，也要出售一部分他们掠夺的剩余产品，因此居民的货币收入增加了。

唐以前，"坊"和"市"是明确区分的。坊是居民区，市是买卖所在地，店铺集中在市区内，买卖要在市区内进行，交易有一定的时限，必须遵守政府法令，接受政府官员管理。而到了北宋，城市规划已突破了坊和市的界限，不仅夜里不关闭坊门，而且坊还可以临街开门，坊中也开设有商店。买卖已不再局限于市区内，营业时间也不受限制。在汴梁，大街上到处有商店，从宫城正门宣德楼起，以跨汴河的州桥为中心，东到旧宋门，西到俊仪桥西开封府，南到

旧城朱雀门一带，不仅有官衙、寺院、馆驿、大官僚的住宅，而且有许多经营不同货物的商店。商业不断渗入居民区，成为城市经济生活的重要组成部分。在宋代，多数的同类商店的设置还是聚集在同一个地点的，称为行。市场的分工更加细致，各行内部又有细分，如饼店就有油饼店、胡饼店之分。

北宋地区贸易有了进一步发展，不仅毗邻地区、大的区域之内贸易往来增多，而且南北交流也大大加强。当时南方的土特产品和手工业品大量运销到北方和其他地区。山东的密州，成为南来货物的一个重要中转地。在北方，当时可以见到江浙和四川的纸张，江淮和沿海的水产、南方食品、糖和丝制品，各种席、扇等日用品。

对外贸易也有新的发展。在国内商品流通发展的基础上，政府实行鼓励通商的政策。这时的对外贸易发展主要是海上贸易。政府最先在广州设市舶司。当时居住在广州的外商也很多。与北宋有外贸关系的国家多达二十多个，多为东南亚诸国和阿拉伯国家。东面与朝鲜和日本贸易往来也很频繁。当时出口的物品以金银、缗线、丝织品和瓷器为主，进口则是以香药和其他奢侈品为主，如象牙、珊瑚、琥珀、玛瑙、水晶等。

北宋时期，商品市场流通之所以能够全面发展，除了由于经济本身发达这个根本原因以外，商品运输条件的改善也是重要原因。此时，无论是陆路交通还是水路交通都有很大的发展。陆路交通以汴京为中心，东西南北都有驿路。驿有驿站，驿舍所在地有客店等。水路交通主要是内河航运。此外，各地商品都是通过漕运路线抵达京师或运往别处的。除了内河航运外，宋代商运还利用沿海航运。

商品流通决定着货币流通的发展，但货币流通反过来又是商品流通正常发展的必要条件。北宋的币制仍以铜铸币为主，一些地区盛行铁钱。由于商品流通量迅速扩大，因此货币需要量猛增，铸币量也就急剧增长，每年的铸币量平均要比唐代多二十倍。从北宋开始，我国才真正流行年号钱。由于社会商品流通对货币需求量猛增，造成铜钱缺乏。由于铁币不适合作为流通货币，这种情况下，在民间早已存在的"交子"广泛流行起来，成为世界上最早的纸币。交子原是商人私自发行的一种类似本票的钱票，它是在信用关系的基础上孕育出来的。仁宗时，官府开始发行交子，在益州设立了交子务。然而这种不兑现的钞票一再贬值，激起物价大涨，给商品流通带来了很大的破坏作用。直至停铸铁钱，变大铜钱定价后，物价才恢复平稳。

北宋时期的官营商业采取专卖制度。盐、茶、酒等商品流通成为北宋最主要的财政收入。

北宋王朝从建立起就陷入民族矛盾、阶级矛盾和统治阶级内部矛盾之中。神宗即位后，立志改革，起用王安石辅政，从政治、经济、军事等方面进行不同程度的改革，力图缓和农民和地主阶级的矛盾，以解决社会危机，史称"熙宁新政"。在经济方面的矛头是针对富商大贾，主要的变革措施有：均输法，市易法，免行钱，青苗法。这些办法抑制了兼并势力，鼓励了农民的生产积极性，增加了封建国家的财政收入。但是，这些做法损害了保守派和封建富商的利益，遭到他们的强烈反对，最终导致变法失败。王安石变法失败反映了北宋时封建保守势力的顽固和强大。

北宋时期，东北地区的女真族开始崛起。徽宗政和五年，女真族杰出的首领完颜阿骨打称帝建立了金国，建都会宁（今黑龙江阿城）。1127年灭了当时腐败不堪的北宋王朝，深入到中原地区的黄、淮流域。北宋被迫迁移至江左，史称南宋。

南宋虽偏安一隅，但这里却是全国经济最发达的地区。在农业与手工业发展的基础上，商品生产又有所扩大。南方的商品消费有了明显的增加。不仅城市消费人口增加，而且农村中大量农民失去土地，沦为佃户，他们为了维持生

中国古代著名商人与商业

活，也想尽办法来购买商品。

为了顺应市场的需要，小商小贩大量增加。杭州城内，到处有摊贩或流动商贩，各色杂货应有尽有。南宋李嵩的名画《货郎图》真实地描写了当时小商贩走街串巷的辛苦和他们受到群众欢迎的情景。在各重要城市，商人不仅贩运土特产和奢侈品，而且日益深入到商品生产地进行购销。商人深入粮食产地，哪里丰收就到哪里收购。城市商业店铺鳞次栉比，出现了许多有名的老店。这类名铺在《梦梁录》中列举了许多。

饮食业和服务业有了进一步的发展。临安城到处设有茶坊、酒肆、面店、果品、香烛、食米等铺。买现成的饮食十分快捷。修鞋、磨剪刀、打扫大街、修扇子等个体服务者出现于大街小巷，如有需要便可唤之。

南宋的商税名目繁多，在正税之外又有许多附加税。杂税不是商品流通和商业发展的表现，而是统治者挖空心思剥削广大劳动人民的体现。

（五）元代商业

1271 年，忽必烈改国号为元，以燕京为大都，蒙古族入主中原。元代的商业在商品流通的基础上有所进展，不过发展得相当畸形。官营商业垄断市场，控制对外贸易，而在私人经营中，贵族、官僚、大僧侣和色目人占优势。

在私人商业中，依仗封建特权而操纵市场的，首先是蒙古贵族和大官僚。他们违法犯禁，无所不为。虽然朝廷屡下禁令，但无济于事。其次是僧侣道士。元朝政府并不制止僧侣道士经商，只是要他们不犯法，照章纳税就行，实际上是支持他们经商。第三是色目商人。元朝统治者采取严重的民族歧视政策，把人口分为尊卑悬殊的等级：最高级的是蒙古人；其次是色目人，包括契丹人、女真人和西域人；第三是汉人，即北方的汉人；第四是南人，即南方的汉人。

汉人和南人处在底层，不仅劳动者受阶级压迫，而且汉人和南人还要受民族压迫，他们不能自由从事国内商业和外贸活动，受到种种限制和禁令。但对色目商人则给予种种优待，使他们在经营中得以享受种种封建特权，把握商业霸权。色目人大肆从事商业高利贷活动。他们富有国内外贸易经验，能够帮助蒙古贵族经商，牟取暴利。他们替蒙古贵族放高利贷。元代统治者把搜刮到的大量金银财物交给色目富商放高利贷，一年利息与本金相等。尽管政府也规定过利息为三分，但不过是一纸空文而已。色目人为蒙古统治者大量搜罗奢侈品，用贡献奇珍异宝的方式来笼络他们，以满足他们穷奢极侈的需要。

在这种情况下，商业发展就很畸形。经营的商品中民生必需品增长不多，交易物品集中于丝、罗、锦、缎、绸、绢、金银、珠宝、皮毛等贵族、官僚、富豪所享受的奢侈品。不仅如此，富商大贾从事人口贩卖的也很多。蒙古统治者入主中原以后，大量劫掠平民为奴，即使灭宋以后也有增无减。一些军事将领，大量掠卖平民到北方，大商人也贩卖良家子弟至北方为奴。在商业的畸形发展中，同业组织——"行"的作用更突出，在应付官府需要方面负担更重，而在维护同业利益的封建排他性更强烈了。与行业组织加强同步并行的是牙行作用的加强。牙人（旧时居于买卖人双方之间，从中撮合，以获取佣金的人称为牙人）成为官府控制的中介人，并发展成为封建官府监督买卖的爪牙。

元代不仅有占优势的官办工矿业，同时还有占优势的官办商业和占垄断地位的官办对外贸易。元代官营经济事业的负责人有回族人阿合马、汉人卢世荣等，他们都是大商人出身。其中阿合马不仅自己经营商业，兴办矿冶业，铸造铁农器、铜和锡器等，而且还制定了盐、茶、酒、药材等专卖制度。卢世荣出身山东富商，对元代官营事业做了系统的建设，缓和了高利贷对农民的剥削，确保有充足储粮可调剂供求，平抑粮价，征收全市的不当经营，调整商税。他改革币制，增加国家财政收入，收缩通货，恢复民间金银自由买卖。他还建立外贸机构，选择海商入海贸易。

元政府除了通过官营商业榨取民众外，还通过商税横征暴敛，搜刮民膏。元代的权势之家和僧道教士、色目商人，不仅挟势经商，而且还抗税、偷税、漏税，包庇商人逃税。结果既影响财政收入，又加重一般商人的税收负担，最后又转嫁到百姓身上，不仅阻碍了正常的商业发展，而且陷人民于更加悲惨的境地。

总之，元代的阶级矛盾在土地集中、地主阶级残酷剥削下越来越尖锐。元政府的官营商业和商税又加深了这种矛盾。而阶级矛盾的尖锐化又与民族矛盾交织在一起，因此，就不可避免地要爆发农民起义，以推翻元朝的反动统治。

（六）明代商业

元代末年，爆发了轰轰烈烈的农民起义，推翻了元朝的封建统治。朱元璋领导农民起义军统一了中国，重新建立了由汉族地主阶级掌握的政权。1368年，明朝在南京建立。

明代以后商业贸易已经接近人民的日常生活，商品经济开始侵蚀自然经济，农民和市场的联系开始逐渐密切起来。明代国内市场广大，大量农产品和手工业品投放市场。区域间长途贩运贸易发展较快。明成祖时，在元大都的基础上营建了北京城。北京和南京是全国性商贸城市，全国还出现数十座较大的商贸城市。商品经济向农村延伸，江浙地区以工商业著称的市镇蓬勃兴起。

在国内市场显著变化的条件下，地区商品流通已不单纯以贩运贸易为限，日益增多的是商品生产的发展突破当地市场的局限行销全国。生产资料行销的范围扩大了，日用手工业品销售地扩大，距离更远了。主要是丝织品的销售。著名的丝织品地区有湖州、杭州、广东。地区间粮食流通量明显增多，已不仅是地方内部的品种和余缺调剂以及供应当地城镇人口的需要，而且满足商品生产发达地区的需要，例如沿海商品生产地区的需要。

由于商品生产和商品流通的发展，给商业开拓了比较广阔的活动场所，从事商业活动的人大大增多，对商业部门的投资也明显增加。由于封建剥削加深，赋税沉重，大量农民丧失土地，成为游民。在商品经济增长的刺激下，许多人转而从事商业活动。封建社会的富裕阶层，包括地主、富农、高利贷者和官僚等，也有一些人把财富投资商业，成为商人资本。

明初，官僚不准经商，尤其是禁止四品以上的官员经商。虽然有些官僚尤其是东南沿海一带为官者暗中也从事商业活动，但这是不合法的，是不敢公开的。而到了明中叶，官僚经商比较普遍，不论大官、小官，还是文官、武官，就连皇帝、贵族、外戚都抢着做买卖，经营手工业工厂。明中叶后，出现了一些重视商业的政治家、思想家，如徐光启、李贽、许孚远等。在徐光启的思想中，反映了许多保护商人权益的要求；李贽坚持要封建政府减税以"惠商"；许孚远坚持反对"海禁"，要求进行海外贸易。

1405年（明永乐三年）明成祖命郑和率领庞大的由二百四十多艘海船、二万七千四百名船员组成的船队远航，访问了三十多个在西太平洋和印度洋的国家和地区，加深了中国同东南亚、东非的友好关系。每次都由苏州刘家港出发，一直到1433年（明宣德八年），他一共远航了七次。郑和下西洋，与亚非三十多个国家直接贸易，最远到达非洲东海岸和红海沿岸。郑和下西洋发展的海外贸易包括朝贡贸易、官方贸易和民间贸易。郑和作为明朝的使者，每到一地，都代表明朝皇帝拜会当地国王或酋长，同他们互赠礼品，向他们表示通商友好的诚意。郑和还同各国商民交换货物，平等贸易，购回当地的特产象牙、宝石、珍珠、珊瑚、香料等。

明朝中后期，随着农业和手工业的发展，商品经济空前活跃，在江南一些丝织业发达的城市如苏州，在丝织行业产生了资本主义生产关系的萌芽。在对外通商问题

上，明初是厉行"海禁"的。到明朝中叶，中央政府内部出现了两种截然不同的主张，斗争相当激烈。以朱纨为中心的一派反对对外通商，由此遭到沿海地主阶级的反对，朱纨一派最后失败。这说明随着商业资本的日益发展，商人的社会地位上升，商人和地主在明政府内部已有了自己的代言人，代表通商利益的官僚、地主在政治上已经形成一种强大的力量。

明朝中期以后，以生产商品为目的的纺织业逐渐兴起，并在江南一些地区发展成为独立的手工工场。如苏州出现以丝织为业的机户，开设机房，雇用机工进行生产。机户和机工之间的雇佣关系是资本主义性质的生产关系。

明朝中后期，在江南的一些生产部门，稀疏地出现了资本主义萌芽。在我国古代，经济远比西欧各国发达，进入封建社会的时期也比这些国家早得多。因此商品经济的发展水平较高。但是我国封建社会持续时间长，商品生产没能按照正常的速度发展到应有的规模。直到明代，我国封建社会才逐渐解体。封建生产关系越来越成为社会生产力发展的严重障碍。封建社会内部滋生了资本主义的萌芽。资本主义萌芽就是在封建社会内部以剥削雇佣劳动为内容的资本主义生产关系的产生和发展，但它只处于萌芽状态。明末，这种萌芽已在东南某些手工业部门中零星出现，在农业中也有了这种现象。农业中开始有了若干从小商品经营者中分化出来的富农，在封建地主中也出现了经营地主。雇佣劳动在吴江、华亭、湖州、江阴、扬州、嘉兴等地均可见到。

明中叶，商人资本的经济力量增强，使得商人的社会地位提高。社会上对商业作用的评价也有所改变。新型市民的阶层的地位和大商人的政治地位有所提高。政府中出现商业资本的代言人。

明末，封建政府变本加厉地对商业进行压制和掠夺。这种做法加剧了社会矛盾，激起了民变。以中、小商人和手工业者为主体的"市民斗争"开始出现。其中规模最大的是反抗天津税监的马堂案，当时参加斗争的人多达三十余万，声势浩大。这些斗争在不同程度上显示了商人反封建的力量。明朝发展到此，土地空前集中，封建社会内部地主阶级和广大农民之间矛盾极其尖锐。封建社会内部已经孕育了资本主义的萌芽，没落的封建社会开始走向崩溃。

（七）清代商业

明崇祯十七年（1644年），李自成攻入北京，宣告了明王朝的覆灭。但吴三桂勾结东北满族贵族，引兵入关，镇压了农民起义。取代明政权而统一了中国。满族贵族建立了清王朝。清王朝的统治者在最初的征服中，曾采取了残酷的镇压、屠杀、奴役和掠夺政策，使社会经济遭到严重的破坏。国内经济瘫痪，财政收入困难，阶级矛盾和民族矛盾尖锐。清王朝不得不改弦更张，放弃虐杀和劫掠政策，实行一些缓和阶级矛盾和民族矛盾的办法，以恢复生产，巩固政权，加强剥削。

到了康熙和乾隆年间，在国内市场商品流通扩大的基础上，商业和商业资本有了新的发展。这和清政府的商业政策是分不开的。这主要表现为减轻商税。康熙、雍正以来实行"摊丁入亩"的赋税制度，废除了人头税，工匠代役银也归入田赋之中。这就有利于农业和手工业发展，为商业的发展创造有利条件。乾隆时减免关税的次数比康熙、雍正时还要多，其中免税商品主要是粮食。大力整顿地税、关税，减轻了零售商人的负担，有利于零售商业的发展。

鸦片战争以前，中国出现了一批大型的商业资本。当时的中型商业资本为几千两银子，小型商业资本为几百两银子。商业资本所积累的巨额财富，除了扩大经营以外，已有一部分投向生产，为资本主义因素的发展提供了必要的历史前提。

资本主义在清朝时有了缓慢发展，范围扩大，部门增多，手工工场的规模扩大。分工更细了，具有资本主义萌芽的部门和地区增多了。但它始终在萌芽状态徘徊，整个生产始终未能进入工场手工业阶段，其力量远不足以分解封建生产方式，在全国范围内，自然经济仍占主导地位。清朝统治者实行闭关政策，一方面禁止国人出海贸易，另一方面限制外商来华贸易；中国的出口商品仅占市场商品总量的3%左右，对外贸易在整个经济中的份额极小，难以促进工商业的发展。

清朝商人的社会地位进一步提高。商业行帮势力大增，代表这些社会力量的商人组织大批涌现。行会、会馆和公所对内仲裁同业的纷议，避免恶性竞争，规定统一的市场交易规章制度和买卖价格，肯定交易习惯、监督度量衡等。对外则保护本帮口同业者的利益，缓和商人和封建政府之间的关系。商人势力的增强和商人组织的大批涌现有利于商人开展反封建的斗争。康熙年间，为了减轻赋税，商人们罢市三日。这说明商人与封建统治的斗争已经到了公开的地步。

鸦片战争后，中国进入了一个社会大变动的时代，城市的发展也深受影响。《南京条约》规定在东南沿海开辟广州、厦门、福州、宁波、上海五处通商口岸。这一时期，原有的商业中心广州和新兴的上海商业贸易最为兴盛。上海位于中国海岸线的中点，是进出长江流域的门户，水陆交通便利，周围物产丰富，商品经济发达，市场广大。到19世纪50年代，贸易中心逐渐由广州移到上海。《天津条约》和《北京条约》规定增开汉口、九江、烟台、南京、镇江、汕头、琼州、天津等多处通商口岸。与此同时，英、美、俄等国商人在香港、广州、上海、汉口、九江、福州和厦门等地开设了许多船坞和工厂。19世纪90年代，《马关条约》又规定沙市、重庆、苏州和杭州为商埠，列强还取得了在内地开设工厂的特权。19世纪末，列强在中国大量修筑铁路，建立厂矿企业。民族工业兴起和发展时期，中国城市发展又出现了一些新的变化。洋务运动时期，洋务派在沿海地区、长江流域和上海、天津等地开设了许多军用和民用企业。随着19世纪60、70年代中国资本主义工业的兴起与发展，民族资产阶级在上海、广东、天津等沿海地区兴办了许多民族工业。20世纪初，民族资本主义进一步发展，此时的民族工业主要集中在东南沿海地区、长江流域及平津地区。纺织中心也由长江下游的上海等地向北向西发展，天津、青岛、武汉等地成为新的纺织中心。

　　1912年孙中山领导资产阶级革命派推翻了清政府。至此，持续了两千多年的封建统治结束了。

古代商人与商业

二、商人文化

（一）商人的组织

随着商品经济的发展，商业竞争日趋激烈，商人开始以群体的力量参与竞争，商人群体组织随之产生。最初的商人组织是以商人的自然组织——宗族亲缘组合而成的。亲缘组织进一步发展为地缘组织和业缘组织。相对而言，商人组织不断发展。因为亲缘组织、地缘组织具有不可选择性，而业缘组织大多具有可选择性，属于自由加入的志愿社团。亲缘组织、地缘组织向业缘组织的发展是社会发展的必然趋势，也是商品经济发展的必然结果。但这三种关系并不是取代关系。由于浓厚的血缘和地缘色彩是中国社会的重要特点，因此几乎所有的商人业缘组织乃至近世晚期的跨行业组织——商会，都不同程度地打上了亲缘和地缘的烙印。

下面介绍一下商人组织的发展。

1. 商人的亲缘组织

家庭是社会的基本细胞，也是社会最基本的经济单位。自古以来，我国的商人就是以家庭为单位经营商业的，这种家庭的经营以父子、兄弟之间的合作最为常见。明代中叶，随着商品经济的繁荣，商业竞争更为激烈。商人在经营活动中仅仅依靠家庭的力量已不足以参与较大规模的竞争。于是宗族亲缘组织在商业经营活动中开始发挥越来越大的作用。宗族是指血缘关系明确、存在经济联系并通常同居一地的父系组织。宗族有大有小，类型多种多样。典型的宗族一般有宗祠、族田、族规、族学、族武装、族墓地等，并常与地缘结合而出现单姓村。宗族血缘圈使家庭扩大，具有极强的凝聚力。借助宗族势力经商，能大大增强商人的竞争力。

借助宗族势力，商人可以获取资金和人力上的支持。徽人经商的原始资本大多与宗族有关。只要做官的有多余的俸禄或者是经商的人有多余的资金，往往资助族人经商。此外徽商所雇用的伙计大多为族人。因为最能得到信任的伙计自然是族人。由于宗族势力在资金与人力上的支持，使徽人经商之势经久不衰。徽人善贾，在社会上是很有名气的。

封建商业的掠夺本质就在于通过贱买贵卖攫取商业利润。在各地市场上，坐贾为实现贵卖展开竞争。要最大限度地提高利润率，只有排斥竞争，建立垄断。徽州坐贾对地方市场的垄断是从两个方面完成的：第一，控制城镇市集的全部贸易；第二，把持某一行业的全部业务。

垄断是在宗族势力全力支持下建立的。徽人外出经商，在城镇市集落脚后，其族人随之而来，其乡党也随之而来。大量徽商涌入同一集镇，造成人力、财力上的优势。他们的竞争策略是族人乡党从事同一行业，凭借雄厚的资本，采取统一行动，降低典利，挤垮本薄利高的一帮商人。除了稳定下来的坐贾之外，徽州富商大贾周游天下，西藏、台湾、东北、闽粤乃至海外都有他们的足迹。行商的利润是由同一商品贱买贵卖所造成的差额以及剥削运输工人所得的利润组成。行商比坐贾的经营活动要复杂得多，其利润率高低取决于对市场需求的正确判断和预测、货运周转率、正确估计季节对价格的影响和运输工人的工资数额等等。受这些因素的制约，贩运性贸易的经营方式往往是集团型的。资本越大，组织越严密，竞争力越强，同样得到了宗族势力的支持。15—16世纪以后，中国南部一些商品经济比较繁荣的地区，宗族有了普遍的发展。国内外学者曾对珠江三角洲地区作了研究，指出该地区宗族组织的发展是与商品经济发展同步的。例如在手工业和商业最为繁荣的佛山镇，几乎所有的大家族都经历了共同的发展过程：从事商业、手工业致富后，

重视教育，培养子弟读书入仕，建设祠堂，发展族田、商店等共有财产，从而集合族人。借助宗族血缘组织参与商业竞争，是中国近世商人的一个显著特征。

2. 商人的地缘组织

会馆是由身在异地的同乡人所建立的专供同乡人集会、寄寓的场所，也是商邦的地缘组织。会馆的前身是汉代各郡在京师为本郡人所设的京邸、唐代在京师为将吏部署所设的进奏院以及宋代在京师为同乡人所设的朝集院。会馆首创于北京，产生时间是 16 世纪。会馆按会员身份划分为三类：第一，以官吏为主的会馆，它们是同乡的官僚、士绅和科举士子居停聚会的地方；第二类是士商共建的会馆；第三类是以商人为主的会馆。据统计，政治中心北京曾有会馆三百九十二处，其中属于第一类会馆的约占会馆总数的 92%。

会馆虽属地缘组织，但兼有业缘和血缘特征。同乡商人在异地往往从事一项或数项相同的行业，由这些商人所建的会馆虽属地缘组织，其业缘特征也十分明显。血缘特征则表现为会馆的"会首"制度往往打上家族的烙印。此外，江南会馆实际上还具有"子孙会"的意义，前辈入会可能成为后辈入会的资格。会馆的地缘范围越大，会馆的业缘色彩越浓；会馆的地缘范围越小，会馆的亲缘色彩越浓。

会馆常于岁时令节聚集同乡，共同祭祀本乡本土所遵奉的神祇，以联络乡情。一般在祭祀仪式后，同乡还聚宴。根据会馆所祭祀的神祇即可判断该馆商人所属领域。徽州商帮尊奉乡贤朱熹，江西商帮尊奉乡贤许真人，陕西帮、山西帮尊奉关羽，湖南帮尊奉瞿真人，湖北帮尊奉治水有功的大禹，广东帮尊奉关圣帝君，福建尊奉天妃。

商人流落在异乡，难免会发生疾病疴痒，会馆为落难的同乡举办公益事业，向贫病交迫的同乡提供钱财和药物救济。为老死异域、无力归葬故土的同乡提供义园、义地，并规定每年春天去祭奠。

商人为摆脱牙人的敲诈，有自身兼为牙人的。然而这毕竟是少数。商人会馆集聚众商力量，援结官宦的势力，逐渐把牙人控制的中间垄断权夺了过来。会馆一般都有自己的店铺、仓库、码头，为本帮商人提供方便。代表众商与官府交涉商业事务，处理仲裁纠纷，融通金钱，制定商业规则等等。此外，会馆还兴办有利于商业的大型工程，如水利设施等。

会馆有董事会的领导机构。加入会馆的商人要缴纳一定的会费，履行规定的义务，遵循会馆的规则，并参加会馆的社交活动、宗教仪式等，这对商人逐步摆脱宗族亲缘圈的局限起着重要的作用。

3. 商人的业缘组织

行会和公所是商人以行业为基础自发或自觉地建立的组织形式，是商品经济发展到一定程度的产物。我国商人的业缘组织早在隋唐便已形成。两宋时期，商人的业缘组织空前发展，但是这些组织都是奉政府之命成立的。

行会、公所在乾隆、嘉庆时大量出现，此时是行会、公所的兴盛期。兴盛的原因有以下几点：资本主义萌芽在乾隆、嘉庆年间再度萌发。国内市场进一步扩大，商业竞争更加激烈。行业间的分工更为精细，商人更为专业化，商人与手工业者矛盾更加尖锐，仅靠亲缘或地缘关系已难以调和行业内的利益共同和利益竞争的矛盾。行会、公所的建立一方面实现了商人和手工业者的分流，各自建立相应的会所；另一面则在更大的行业范围内调节利益分配与利益竞争矛盾，实现行业垄断。

 古代商人与商业

业缘组织的发展一般是建立在亲缘关系削弱和地缘关系扩大的基础上。随着商品经济的发展和商人们对共同利益的重视，他们的亲缘观念和狭隘的地缘观念日益松弛，而业缘观念逐渐加强，结果不仅原来以亲缘关系为主所组成的业缘组织逐渐变质，而且原来反映特定地缘关系的行会、公所也有不少变为突破地缘的业缘组织。

业缘组织的主要功能是限制本行业内部竞争。行会、公所限制同行竞争的措施有：限制招收学徒和使用帮工的数目，制定同一种手工业产品的规格、价格，限制作坊开设的规模和地点，规定统一的工资等等。在维护本业商人的正常经营活动的同时，增加本业商人的竞争力。为了获得更大利益，行会勾结官府镇压工人的罢工斗争。

商人的组织从亲缘、地缘到业缘的演变，是商品经济发展、商业竞争日趋激烈的必然结果。在商品经济发展的过程中，商人改造着社会，同时也改造着自己。商人组织的演进显示了商人的团体意识的不断强化，这正是近世商人与传统商人的区别所在。

（二）商人文化

明代中叶，资本主义萌芽在中国封建社会内部初见端倪。在文化上出现了与传统礼制相背离的文化——商人文化。近世商人以其雄厚的财力，建设起为自己的经济利益服务，并体现自身的价值观和美学观的商人文化。商人文化熔铸理学并杂糅宗族文化和通俗文化，其所包容的文化内涵是十分丰富的，科技、艺术以至饮食、建筑等，无不包罗其中。

商人文化是商品经济发展的产物，是与资本主义萌芽同质的。它跃动着早期启蒙的曙光，是资产阶级启蒙文化的先导。由于资本主义萌芽的微小脆弱，决定了这种新文化的承载者是商人阶层。由于中国商人的软弱性和两面性，决定了商人文化

古代商人与商业

27

先天就缺乏独立的品格。

商人文化的区域性十分明显，由于我国幅员广大，各地经济发展极不平衡，因而商人文化的整合首先在商品经济较为发达的区域进行。各地区商人文化不断整合，相互影响，汇成了中国的商人文化。

商人在获得财富的同时，十分热心于教育，为社会整体文化水平的提高提供了物质基础。商业所引起的社会互动具有文化意义。他们居住在大城市，所得到的信息最快最新，能够走在时代风气之先。商业活动的需求直接刺激着科技的发展。

经商在外，掌握一些基本的地理水文知识是十分必要的。徽州商人黄汴在经商的生涯中收集各种程图和路引，辑成《一统路程图记》及《北京至十三省各边路图》和《南京至十三省各边路图》两幅程图。书中记述交通要道和里程，并附有各地特产名称，颇有实用价值。可见，商业与地理学科联系密切。

在商人的竞争中，一些行业获得了迅速的发展。例如中医学。以徽州商人为例。徽商经营药材的人很多，为了在竞争中保持优势，他们刻意钻研医药技术。在当时采药、制药、治病一体化的情形下，药铺间的竞争造成了新安医学的兴盛。同时，济世救生也是徽商实现自身价值的一个途径。

此外，商人还编写、刊行了不少商业书。谢国桢的《明清笔记谈丛》介绍了三种商业书，其中有两本可以确定为徽商所著，《五刻徽郡释义经书士民便用通考杂字》《新刻增订释义经书世事通考杂字》。另外还有日本内阁文库所收藏的《商贾要览》，以及安徽省博物馆收藏的《徽商便览》。这些商业书从天文、地理、全国通商所经的里程道路、风俗、语言、物产、算法、书信契约到商业道德等等无所不包，既具有实用性，又具有科学性。徽商中一些学贯中西的大学者无不兼顾经学与自然科学的研究，并把自然科学的研究方法和经学的研究方法相沟通，逐渐形成皖派之风。他们在经学研究中采取了深刻、细致、严肃的科学精神和实事求是的科学态度。

脱胎于程朱理学的商人文化具有一定的封建性。其文化内核价值观是与传统儒学的忠、孝相通的。强调商人道德是商人文化的重要组成部分。商人道德中宣扬儒家的"诚笃""诚意""至诚""存诚"。以诚待人，以信接物，以义为利。讲究商业信誉，既有利于商品的销售，也易于资本的筹集。关于商人"轻财重义""轻利重义""尤多义举"的记载甚多。

　　商业道德渗透于商人文化的每一个领域。以反映商人生活的明清小说而言，小说的撰写者的目的主要是宣扬商业道德，以因果报应的方式劝诫商人不要逾越这些道德规范。

　　商人既有视儒家文化为其道德信条的，也有否定儒家文化的。在实际操作中，往往是两种道德标准杂糅采用。前者更注重长远利益，后者则偏重于迅速求富。他们的共同点是求利。可见，商人文化并不是纯粹的单一文化，而是由多种因素构成的，其中有的因素甚至是对立的。不过在传统社会，在社会的流动性较小的条件下，以儒家文化为道德信条的商人道德处于主流地位。

　　从大文化的角度去看，商人的生活方式，如饮食、服饰、园林、建筑等，都为商人文化增添了新的内涵。

　　传统文化植根于中国特定的经济结构的厚实土壤中。文化的变革促进了社会的变革，而文化的真正转型则有赖于社会经济的变革和转型。

古代商人与商业

三、著名商人介绍

（一）商人圣祖——陶朱公

助越王勾践灭吴的大智者范蠡，被后世称为陶朱公，堪称历史上弃政从商的鼻祖和开创个人致富记录的典范。范蠡，字少伯，春秋末期楚国宛（今河南南阳）人。他是春秋时期越国的大政治家、军事家和经济学家，中国古代商人的圣祖，《史记》中载其"累十九年三致金，财聚巨万"。

范蠡很有经商头脑。他根据市场的供求关系，判断价格的涨落，即"论其（商品）有余和不足，则知（价格）贵贱。"他发现价格涨落有个极限，即贵到极点后就会下落；贱到极点后就会上涨，出现"一贵一贱，极而复反"的规律。这就很符合现代市场规律。

范蠡在商业活动的各个环节都能捕捉有利时机，由此获取了丰厚的商业利润。在进货时，范蠡主张"贱取如珠玉"。当某种商品价格跌到一定程度的时候，作为一名理智的商人，要及时购买，不要期望价格不停地跌下去，以致错过低价进货的机会。此外，范蠡主张在市场需求发生变化之前备好货物，要让货等客，不要让客等货，如此才能满足市场需求，如"夏则资皮，冬则资绨，旱则资舟，水则资车，以待乏也"（《国语·越语上》）。值得注意的是，范蠡的"待乏"不同于囤积居奇。囤积居奇是在商品货源紧张时大量购存，伺机高价出售，以获取暴利，扰乱市场，坑害消费者。而"待乏"是在货源充足或者是某种商品处于销售淡季时低价购进，待货源紧张或销售旺季时抛出，如此不仅调剂了市场供求，稳定了物价，而且在取得良好社会效益的同时，商人能获取高额利润。范蠡还认为，进货时一定要"务完物"，切实保证商品质量，避免不必要的损失，维护商业信誉。货币增值是商人商业

中国古代著名商人与商业

活动的终极目标，而货币只有在流通中才会增值，所以范蠡提出"无息币""财币欲其行如流水"，也就是说，不要停止货币的流通，不要停止商业活动，否则就会白白贻误商机。在商业活动中，范蠡同样坚持多种经营，不拘泥于单一品种。他提出"候时转物"，根据季节、时令变化而转运不同的商品，尽管我们无法知道范蠡经营商品的具体名称，但从"候时转物"推断，其经营范围应是十分宽泛的。

范蠡没有盲目追求厚利，而是采取了薄利多销的办法。"复约要父子耕畜，废居，候时转物，逐什一之利。居无何，则致赀累巨万。天下称陶朱公。"（《史记·越王勾践世家》）"什一之利"的确很薄，但范蠡由此赢得了顾客，加速了资金周转，所以同样达到了发家致富的目的。

两千多年来，人们一直奉范蠡为商业的鼻祖，其中的原因除了上述宝贵的经济思想之外，最重要的原因是范蠡能"富好行其德"。商人是逐利阶层，唯利是图是他们的天性，所以历史上向有"无商不奸"的说法。范蠡却不然，他舍弃了越国的高官厚禄，到齐、陶艰苦创业，孜孜不倦地从事农业、畜牧业、水产养殖业、商业，都取得了巨大的成功，其目的不在于赚钱而在于实现自我价值，即向世人表明他不仅能帮助越王勾践打败吴国，而且能亲自从事经济活动，经营致富。正是基于这种考虑，他不为金钱所累，去齐至陶时便"尽散其财，以分与知友乡党"；居陶经商，"十九年之中三致千金，再分散与贫交疏昆弟"。更可贵的是，范蠡还不搞垄断，慷慨指导齐国国君在后苑治池养鱼，一年得钱二十万；指导鲁国穷士猗顿赴西河畜牛羊于猗氏之南，十年之间遂成巨富。司马迁深为范蠡这种超然物外的境界所折服，称其为"富好行其德"。

（二）儒商鼻祖——子贡

子贡，姓端木，名赐，子贡是字。他是孔门七十二贤之一，是孔子的得意门生。善于经商，曾经经商于曹、鲁两国间，孔子说他："赐不受命，而货殖焉，亿则屡中。"意思是子贡不

做官而去从商，猜测行情，竟每每猜中。他是七十二子中最富有的人，史称子贡"结驷连骑，束帛之币，收聘享诸侯。所至，国君无不分庭与之抗礼。夫使孔子名布扬于天下者，子贡先后之也。"孔子曾称其为"瑚琏之器"。他利口巧辞，善于雄辩，且有干济才，办事通达。曾任鲁、卫两国之相。

《史记·货值列传》载其"废著鬻财于曹、鲁之间"。曾自费乘高车大马奔走于列国，说齐、存鲁、霸越、亡吴。儒家学说后来得以发扬光大、流传百世，其功甚伟。《史记·仲尼弟子列传》，对子贡这个人物所费笔墨最多，其传记就篇幅而言在孔门众弟子中是最长的。这个现象说明，在司马迁眼中，子贡是个极不寻常的人物。他学绩优异，文化修养丰厚，政治、外交才能卓越，理财经商能力高超。在孔门弟子中，子贡是把学和行结合得最好的一位。

子贡在理财经商上有着卓越的天赋。《论语·先进》载孔子之言曰："回也其庶乎，屡空。赐不受命，而货殖焉，亿则屡中。"意思是说颜回在道德上差不多完善了，但却穷得叮当响，连吃饭都成问题，而子贡不安本分，去囤积投机，猜测行情，且每每猜对。子贡依据市场行情的变化，贱买贵卖从中获利，以成巨富。由于子贡在经商上大获成功，所以司马迁在《史记·货殖列传》中以相当多的笔墨对这位商业巨子予以表彰，肯定他在经济发展上所起的作用。

子贡在儒家修身、齐家、治国、平天下之间找到了一条成功的道路。这条路具体说来便是从事货物贩卖以谋利。他能够捕捉商机，且坚持人弃我取、贱入贵出的经营策略，从而达到了亦官亦商、亦儒亦商的最高的儒商境界。也可以说子贡是我国历史上最早的儒、官一体的儒商。在当时，商业的地位还是非常低贱的，是那些达官贵人们所不屑一顾的，子贡"下海"的勇气和魄力显然令人佩服。

"己所不欲，勿施于人。""己欲立而立人，己欲达而达人。"内儒外商，为富当仁。以仁为本，以和为贵。与时逐而不责于人。贫而无谄，富而无骄。

从善如流，嫉恶如仇。君子爱财，取之有道。这是子贡的经营理念。作为一名商人，子贡无疑是成功的，尽管他"喜扬人之美，不能匿人之过"，似乎并不够圆滑，但是，"子贡方人，子曰：赐也贤乎哉？夫我则不暇"。对于子贡的人际关系能力情商之高连老夫子也自叹不如。仅此一点，在那个时代足以使他尝相鲁卫，家累千金，和他的老师一样彪炳丹帛，绵泽后世了。

（三）商圣——白圭

白圭是最早的经商理论大师。李悝曾向他求教致富秘诀。"人弃我取，人取我与"即是他首创的经商名言。《史记》推其为"天下言治生者祖"，曾有经商哲学理论著作问世，可惜失传。

白圭生于公元前 370 年，卒于公元前 300 年，名丹，东周时洛阳人，梁（魏）惠王时曾在魏国做官，后来又到齐国、秦国做官和经商。他一生的主要成就是在商业方面的理论建树和实践经验，是先秦时期的商业经营思想家，也是当时一位著名的经济谋略家和理财家。《史记》和《汉书》中说他是商业经营的理论鼻祖，即"天下言治生者祖"。宋真宗时更封其为"商圣"。

他和范蠡都提出了农业经济循环说。根据古代岁星纪年法和五行思想，认为天时的好坏与农业的丰歉，具有周而复始的循环周期，每一周期为十二年，周期开始的第一年总是大丰收，其后两年"衰恶"，第四年旱，再后两年小丰收，第七年又是大丰收，而后两年又"衰恶"，第十年大旱，继而又是两年小丰收，如此反复，以至无穷。他通过观察市场行情和年成丰歉的变化，奉行"人弃我取，人取我与"的经营方法，丰收年景时，买进粮食，

出售丝、漆。蚕茧结成时，买进绢帛绵絮，出售粮食。用观察天象的经验预测下一年的雨水多少及丰歉情况。若当年丰收，来年大旱，今年就大量收购粮食，囤积货物。想让粮价增长，就专买上等谷物；想让成色提高，就专买上等谷物。为掌握市场的行情及变化规律，经常深入市场，了解情况，对城乡谷价了如指掌。白圭虽为富商，但生活俭朴，摒弃嗜欲，节省穿戴，与他的奴仆同甘共苦。

白圭经商速战速决，从不耽误时机。他把经商的理论，概括为四个字：智、勇、仁、强。他说，经商发财致富，就要像伊尹、吕尚那样筹划谋略，像孙子、吴起那样用兵打仗，像商鞅推行法令那样果断。如果智不能权变，勇不足以决断，仁不善于取舍，强不会守业，无资格去谈论经商之术了。白圭"人弃我取"和"知进知守"的理财思想对现代人理财也有指导意义。

（四）奇商巨贾——吕不韦

距今两千二百多年前，正值中国历史上的战国后期。周王朝的各路诸侯经过数百年的互相攻伐，到此时，只剩下齐、楚、燕、韩、赵、魏、秦七个最强大的诸侯国。那是一个狼烟四起、兵气连云的时代，那是一个杀人如麻、白骨成山的时代，那是一个英才辈出各领风骚的时代，那是一个此消彼长风云变幻的时代……

乱世之中，赵国却出了一个奇商巨贾。他以经商手段从政，竟掌控了当时最强大的国家——秦国的政权。他执政十年，承上启下，为秦国最终统一天下奠定了基础。他对当时政治格局的影响，对历史进程的影响，并不比纵横家苏秦、张仪以及其他学派的孟子、墨子、荀子、庄子、韩非子逊色。他就是吕不韦。

吕不韦最初并没有想成为一个商人，他一心向仕。但在科举制度出现之前，

能否入仕的关键在于其出身如何，春秋战国时期尤为如此，出身卑微之人要想晋身高堂，只能依附权贵，屈身为其门客以待时机。

据史载，吕不韦的父亲吕鑫是濮阳城王宫守门人，他送吕不韦去私塾苦读十年，期望吕不韦学而优则仕，并且托人在大夫卫横的麾下为儿子谋求到一个门客的职位，期望吕不韦能得到国君的青睐以便有封侯拜相的机会。人算不如天算，因为不为人知的原因，吕不韦没有成为卫横的门客，出身卑贱的吕不韦被权贵们看不起，还因琐事被罚在绸缎庄老板的店铺干活。吕不韦认识到金钱是唯一可以使他尊贵与显达的方式，他决定弃仕从商谋取财富，再结交权贵，曲线入仕。

吕不韦经商并非一帆风顺，他像所有初学者一样交纳了"学费"。最初吕不韦看好"投机"生意，决定从鲁国的曲阜贩卖水蜜桃到濮阳赚取差价。天有不测风云，吕不韦的桃生意因为遭遇滂沱大雨，耽误了时机，满船鲜桃变软溃烂成泥。吕不韦的第一桩生意就这样付之流水。

幸运的是，吕不韦没有消沉，他很快开始了第二次生意。这次，他开了家绸缎庄，绸缎生意于他也算是熟门熟路，但由于同行低价挤压，小本经营的吕不韦有些抵挡不住。但吕不韦没有改弦更张，他选择了挑着绸缎到临时集市上去。吕不韦背着绸缎登上垅台招揽生意，见利就卖。这种吃苦耐劳的经商精神在很多靠商业流通发家的现代富豪身上也隐约可见，总之，他们都经过了辛苦的"贱买贵卖"阶段，囤积了经商的第一桶金。

吕不韦在"垄断"过程中，结识了一个去过匈奴国的耍蛇人，在其劝说和分析下，吕不韦放弃了"垄断"，携带一批绸缎进入匈奴境界换取马匹，然后他又将马匹运到邯郸贩卖，这桩生意让他获利丰厚。

纵观吕不韦的商业生涯，不难发现他用了所谓"投机"手段，善于找到机会、抓住机遇。作为商人，抓住商机是非常重要的，仅仅囤积货物是不行的，还必须在适当的时机和地点卖出去，才能获利。"贱买贵卖"、"投机"，这是使商业活动活跃起来、使市场繁荣兴旺必不可少的手段，也是商人赖以获利的重要途径。

在倒手转卖的过程中，吕不韦发现了另一个商机。在当时，玉器非常珍贵，不但用于祭祀、外交和社交等场合，而且还用于服饰。《礼记》中说："古之君子必佩玉。"又说，"君子无故，玉不去身"。据说，当时贵族礼服之上有两套相同的佩玉，腰的左右两侧各佩一套，显得高雅而富贵。

人们对珠玉的需求较大，而经营者不多，"珠玉之赢"又是个冷门。吕不韦抓住了这个既是热门又是冷门的"珠玉之赢"的行当，给自己的生意重新进行了定位。吕不韦改为经营珠玉生意后，生意越做越大。他一方面卖些大众化的廉价玉器；另一方面，他四处寻访，在一些玉店中寻找有价值的货物加以倒卖，从中渔利。吕不韦利用珠玉商人精益求精的心理，贱价收购有瑕疵的被一些商人低价抛售的处理类玉器。吕不韦认为，有时候顾客并不会注意那么多细枝末节，而经过他独到的眼光淘到的玉器，往往能实现"贱买贵卖"。

但他一生最得意的一笔大买卖却是：结识做人质的秦国公子嬴异人（子楚）并资助其回国即位，从而成功实现个人由商从政的历史性转变。

子楚是秦王庶出的孙子，在赵国当人质，他乘的车马和日常的财用都不富足，生活困窘，很不得意。吕不韦到邯郸去做生意，见到子楚后非常喜欢，说："子楚就像一件奇货，可以囤积居奇，以待高价售出。"于是他就前去拜访子楚，并说服华阳夫人立子楚为太子。太子子楚即位，他就是秦庄襄王。庄襄王尊奉为母的华阳王后为华阳太后，生母夏姬被尊称为夏太后。秦庄襄王元年（前249年），任命吕不韦为丞相，封为文信侯，以河南洛阳作为他的食邑。

庄襄王即位三年之后死去，太子嬴政继立为王，尊奉吕不韦为相国，称他为"仲父"。秦王年纪还小，其母常常和吕不韦私通。

吕不韦在后来组织其门客撰写的《吕氏春秋》中有这样一句话："民之情，贵所不足，贱所有余。"这很好地总结了他做生意的诀窍："贱买贵卖"和"奇货可居"，这也是吕不韦经商的不二宝典。经过贩桃、"垄断"绸缎、倒卖玉器等商业活动，可以看出其成功的关键在于其吃一堑长一智，三思而行，但更重要的是他能随机应变，不拘泥于现有的方式和目标，从卖绸缎到卖玉再到后来的立嗣之赢，他总是向利润最高的生意靠拢。《史记》中记载他"往来贩贱卖贵，家累千金"。此时的吕不韦已经成了为富一方的大富翁。

（五）财神爷——沈万三

沈万三，名富，字仲荣，俗称万三。万三者，万户之中三秀，所以又称三秀，作为巨富的别号，元末明初人。曾助朱元璋修南京城，个人承包三分之一工程费用。因其孙卷入"蓝玉案"被充军云南，没收财产。其财富来源一说为海上贸易所得，可能算是历史上最早的国际贸易商人。《元史演义》里，沈万三被称为"财神爷"。

《明史》记载：14世纪时，江南一个发了大财的巨商——沈万三，为大明的开国皇帝朱元璋造筑了南京城墙后，还溜须拍马地想为朝廷犒军，结果朱元璋眼一瞪，将其发配到了山高水长的云南去了。

元朝中叶，沈万三的父亲沈祐由吴兴（今浙江省湖州）南浔沈家漾迁徙至周东坨，后又迁至银子浜。沈万三在致富后把苏州作为重要的经商地，他曾支持过平江（苏州）张士诚的大周政权，张士诚也曾为沈万三树碑立传。明初，朱元璋定都南京，沈万三助筑都城三分之一，朱元璋封了他两个儿子的官。但不久，沈万三被朱元璋发配充军，在云南度过了他的余生。

沈万三在周庄、苏州、南京、云南都留下了足迹。沈万三始终把周庄作为他立业之地。尽管他受到张士诚、朱元璋的封赏，但他不愿离开这块宝地。

他也想让自己的子孙都留在这块富裕之地，不惜重金加以培养，使沈家久盛不衰。

沈万三得到了汾湖陆氏的巨资，由于其"治财"有方，他出色的"经济管理"才能得以施展。他有了巨资后，一方面继续开辟田宅；另一方面他把周庄作为商品贸易和流通的基地，利用白砚江（东江）西接京杭大运河，东入浏河的便利，把江浙一带的丝绸、陶瓷、粮食和手工业品等运往海外，开始了他大胆的"竞以求富为务"的对外贸易活动，使他迅速成为"资巨万万，田产遍于天下"的江南第一豪富。沈万三就用从贸易中赚下的一部分钱，购置田产，另一部分钱作经商的资本。所以说，沈万三是以垦殖为根本，以分财为经商的资本，大胆通番；而一跃成为巨富。周庄"以村落而辟为镇，实为沈万三父子之功。"

沈万三富得连朱元璋都眼红。在遭受朱明王朝三次沉重的打击后，很快衰落了。在洪武三十一年（1398 年），"奏学文与蓝玉通谋，诏捕严讯，诛连妻女，及其仇七十二家"。洋武三十一年二月，"学文坐胡蓝党祸，连万三曾孙德全六人，并顾氏一门同日凌迟"（《周庄镇志》卷六·杂记），这次沈万三女婿顾学文一家及沈家六口，近八十余人全都被杀头，没收田地，可谓是满门抄斩了。沈万三苦心经营的巨大家业，急剧地衰落了。"沈万三家在周庄，破屋犹存，亦不甚宏大"，沈家大族遭受如此三次沉重的打击，家破人亡。

就这样，号称江南第一豪富的周庄沈万三，由兴盛走向了衰落，但他毕竟是一个值得研究和借鉴的人物，他在周庄的遗迹，也让中外旅游者及专家学者很感兴趣。

（六）世界首富——伍秉鉴

1834 年，中国出了位世界首富，他就是伍秉鉴。伍秉鉴（1769—1843 年），又名伍敦元，祖籍福建。其先祖于康熙初年定居广东，开始经商。到伍秉鉴的父亲伍国莹时，伍家开始参

与对外贸易。

1686 年春，广东巡抚李士祯在广州颁布了一项公告，宣布凡是"身家殷实"之人，只要每年缴纳一定的白银，就可作为"官商"包揽对外贸易。从此，近代中国历史上著名的"广州十三行"诞生了。在以后的发展中，这些行商因办事效率高、应变能力强和诚实守信而深受外商欢迎。令李士祯想不到的是，这一公告竟会在以后的岁月里为中国催生出一位世界首富。

1757 年，清朝下令实行闭关锁国政策，仅保留广州一地作为对外通商港口。这一重大历史事件，直接促使广州十三行成为当时中国唯一合法的"外贸特区"，从而给行商们带来了巨大的商机。1783 年，伍国莹迈出了重要的一步，成立了怡和行，并为自己起了一个商名叫"浩官"。该商名一直为其子孙所沿用，成为 19 世纪前期国际商界中一个响亮的名字。1801 年，32 岁的伍秉鉴接手了怡和行的业务，伍家的事业开始快速崛起。在此后的一百年中，广东十三行竟向清朝政府提供了 40%的关税收入。在广东十三行中，以同文行、广利行、怡和行、义成行最为著名。其中的怡和行，更因其主人伍秉鉴而扬名天下。

在经营方面，伍秉鉴依靠超前的经营理念，在对外贸易中迅速发财致富。他同欧美各国的重要客户都建立了密切的联系。1834 年以前，伍家与英商和美商每年的贸易额都达数百万银元。伍秉鉴是英国东印度公司最大的债权人，东印度公司资金周转不灵时，常向伍家借贷。正因为如此，伍秉鉴在当时西方商界享有极高的知名度，一些西方学者更称他是"天下第一大富翁"。当时的欧洲对茶叶质量十分挑剔，而伍秉鉴所供应的茶叶曾被英国公司鉴定为最好的茶叶，标以最高价出售。此后，凡是装箱后盖有伍家戳记的茶叶，在国际市场上就能卖得高价。在产业经营方面，伍秉鉴不但在国内拥有地产、房产、茶园、店铺等，而且大胆地在大洋彼岸的美国进行铁路投资、证券交易并涉足保险业务等领域，使怡和行成为一个名副其实的跨国财团。

伍秉鉴还因其慷慨而声名远播海外。据说，曾有一个美国波士顿商人和伍秉鉴合作经营一项生意，由于经营不善，欠了伍秉鉴7.2万美元的债务，但他一直没有能力偿还这笔欠款，所以也无法回到美国。伍秉鉴听说后，马上叫人把借据拿出来，当着波士顿商人的面把借据撕碎，宣布账目结清。从此，伍浩官这个名字享誉美国，被传扬了半个世纪之久，以至于当时美国有一艘商船下水时竟以"伍浩官"命名。

经过伍秉鉴的努力，怡和行后来居上，取代同文行成为广州十三行的领袖。伍家所积累的财富更令人吃惊，据1834年伍家自己的估计，他们的财产已有两千六百万银元，成为洋人眼中的世界首富。建在珠江岸边的伍家豪宅，据说可与《红楼梦》中的大观园媲美。

然而，作为封建王朝没落时期的一名富商，伍秉鉴所积累的财富注定不会长久。就在他的跨国财团达到鼎盛时，一股暗流正悄然涌动。1840年6月，鸦片战争爆发。尽管伍秉鉴曾向朝廷捐巨款换得了三品顶戴，但这丝毫不能拯救他的事业。由于与英国鸦片商人千丝万缕的联系，他曾遭到林则徐多次训斥和惩戒，还不得不一次次地向清政府献出巨额财富以求得短暂的安宁。《南京条约》签订后，清政府在1843年下令行商偿还三百万银元的外商债务，而伍秉鉴一人就承担了一百万银元。也就是在这一年，伍秉鉴病逝于广州。

伍秉鉴死后，曾经富甲天下的广东十三行开始逐渐没落。许多行商在清政府的榨取下纷纷破产。更致命的是，随着五口通商的实行，广东丧失了在外贸方面的优势，广东十三行所享有的特权也随之结束。第二次鸦片战争爆发后，又一场突如其来的灾难降临到十三行街，使这些具有一百多年历史的商馆彻底化为灰烬。

2001年，美国《华尔街日报》统计了一千年来世界上最富有的五十个人，有六名中国人入选，伍秉鉴就是其中之一。

（七）官商——胡雪岩

胡雪岩，本名光墉（1823—1885年），安徽绩溪人，因在杭州经商，寄居杭州，幼名顺官，字雪岩，著名的"红顶商人"，近代"徽商"的杰出代表。

光墉幼时家贫，靠帮人放牛为生，稍长，由人荐往杭州于姓钱肆当学徒，得肆主赏识，擢为跑街。咸丰十年（1860年），因肆主无后，临终前，以钱庄赠之，乃自开阜康钱庄，并与官场中人往来，成为杭城一大商绅。咸丰十一年（1861年）十一月，太平军攻杭州，光墉从上海、宁波购运军火、粮米接济清军。左宗棠任浙江巡抚，委光墉为总管，主持全省钱

粮、军饷，因此阜康钱庄获利颇丰。京内外诸大臣无不以阜康为外库，寄存无算。他还协助左宗棠开办企业，主持上海采运局，兼管福建船政局，经手购买外商机器、军火及邀聘外国技术人员，从中获得大量回扣。他还操纵江浙商业，专营丝、茶出口，操纵市场、垄断金融。至同治十一年（1872年）阜康钱庄支店达二十多处，遍及大江南北。资金两千余万两，田地万亩。由于辅助左宗棠有功，曾授江西候补道，赐穿黄马褂，是一个典型的官商。同治十三年，筹设胡庆余堂雪记国药号，光绪二年（1876年）于杭州涌金门外购地十余亩建成胶厂。胡庆余堂雪记国药号，以一个熟药局为基础，重金聘请浙江名医，收集古方，总结经验，选配出丸散膏丹及胶露油酒的验方四百余个，精制成药，便于携带和服用。当时，战争频仍，疠疫流行，"胡氏辟瘟丹"、"诸葛行军散"、"八宝红灵丹"等药品备受欢迎。其所用药材，直接向产地选购，并自设养鹿园。胡庆余堂成为国内规模较大的全面配制中成药的国药号，饮誉中外，对中国医药事业发展起了推动作用。

光绪八年（1882年），光墉在上海开办蚕丝厂，耗银两千万两，高价收购国内新丝数百万担，企图垄断丝业贸易。此举惹怒外商，他们联合拒购华丝。

又因海关海运操于外人之手，不能直接外运。次年夏，被迫贱卖，亏损一千万两，家资去半，周转不灵，风声四起。各地官僚竞提存款，群起敲诈勒索。十一月，各地商号倒闭，家产变卖，胡庆余堂易主，宣告关门倒闭。接着，慈禧太后下令将其革职查办，抄家治罪。光墉遣散姬妾仆从，姬妾仆从宁死都不离开胡雪岩，显赫一时的一代豪商胡雪岩，最终一贫如洗。倒是他精心创下的胡庆余堂，至今仍以其"戒欺"和"真不二价"的优良传统矗立在杭州河坊街上，钦差大人文煜为了保存这座国药国库，帮助胡雪岩接管胡庆余堂。善良的百姓，至今仍因胡庆余堂而传颂着胡雪岩的名字。

　　胡雪岩的一生，极具戏剧性。在短短的几十年里，他由一个钱庄的伙计摇身一变，成为闻名于清朝朝野的红顶商人。他以"仁"、"义"二字作为经商的核心，善于随机应变，绝不投机取巧，使其生意蒸蒸日上；他富而不忘本，深谙钱财的真正价值，大行义举，在赢得美名的同时，也得到了心灵的满足；他经商不忘忧国，协助左宗棠西征，维护了祖国领土的完整；在救亡图强的洋务运动中，他也贡献了自己的一份力量，建立了卓越的功勋。当然，他也未能摆脱商人以利益为第一位的俗套，且在生活方面极尽奢靡，但毕竟人无完人、瑕不掩瑜，胡雪岩这位了不起的商人身上有许多值得今人学习的东西。

（八）云南富商——王炽

　　王炽（1836—1903年），字兴斋，汉族，弥勒县虹溪人。成年刚至时因不满乡霸欺人，失手打死恶人后出走至四川重庆，与旅渝滇商合营"天顺祥"商号，来往川滇互贸。随后又与席茂之在昆明合资开设"同庆丰"商号。数年经营，成为滇中富商。

　　他幼年丧父，因家境贫寒被迫辍学，依靠母亲纺织为生。后因失手打死恶人出走，用母亲卖掉陪嫁

玉镯的十两银子做本钱经商。从赶马帮贩运开始，经历艰险，苦钻商道，以过人的胆识与诚信打破当地商贾设置的重重阻碍和官府的地方保护，开创并发展了著名的"天顺祥"商号，促进了川、黔、滇三地的商务往来和商品流通。当时资本主义已在西方兴起，生活在一个闭关自守的封建王朝的王炽也很有经商头脑，他抓住全国商品经济萌动的态势，投巨资于刚兴起的银行票据汇兑行业，以昆明"同庆丰"钱庄为龙头，在当时全国二十二个行省中的十五个行省及越南、马来西亚等地设立分行……被誉为"执全国商界牛耳"之云南金融业的开山鼻祖。

光绪九年（1883年），法国侵略越南，朝廷诏命提督鲍超会同云南巡抚岑毓英统兵援越抗法，当时军费紧缺，王炽出银六十万两。战后，岑、鲍班师回国，遣散士兵又需军费，王炽又垫银相助。岑、鲍甚为感激，岑赐"急公好义"、鲍赐"义重指国"匾额以旌表。后经岑鲍上奏，赐王炽四品道员职称，恩赏荣禄大夫二品顶戴，封典三代一品。

光绪十三年（1887年），唐炯调任云南矿务督办大臣，委任王炽为矿务公司总办。王炽为筹办云南铜、锡矿业，先后垫支开发基金银十万两。王炽在办矿业中大获其利，成为"富甲全滇"的企业家。王炽既善运谋致富，又用财有方。他曾捐银兴建弥勒境内两座盘江铁索桥，捐银重修广西直隶州（今泸西县）城孔庙，出资修筑虹溪街道，铺设昆明城至碧鸡关石板路，在昆明建盖弥勒会馆，划拨"兴文公当"资金馈赠本省举人赴京会试费用。光绪二十六年（1900年），陕西、

山西两省大旱，王捐银两万两赈恤，获朝廷旌表。

光绪二十六年（1900年）八国联军入侵北京，慈禧仓皇出逃，所带银两不足大队随行人员衣食，向王炽求援。王炽力排众议，认为爱国必须忠君，只有先把外国侵略者赶出去才能谈自家的事，因此十万火急下死命令：慈禧人马所经地方，凡王炽"同庆丰"分行必须全力资助。慈禧回北京后，国库空虚，资金短缺，百废待兴，王炽发动海外及国内各分行融资接济。人祸未息，天灾又降，晋、陕两省大旱，黄河断流，王炽仗义疏财，捐银数百万两给工部兴修水利，被李鸿章称为"犹如清廷之国库也"。

王炽于光绪二十九（1903年）年病故，归葬虹溪烟子寨。其子鸿图继父经营"同庆丰"、"天顺祥"商号。于光绪三十二年（1906年）任第一届云南商务总会协理。宣统元年（1909年）继任二届商务总会总理，次年倡办昆明耀龙电灯公司，1914年参与开办昆明自来水公司，其经济实力和经营能力当时曾称雄云南商界。

（九）商父——盛宣怀

在百年企业史上，盛宣怀被视为"商父"，他是一个绝代的天才型官商。然而，也正是因为他的才华出众和意志坚强，才把洋务运动引向了一个万劫不复的深渊。

盛宣怀每办一项实业，必身躬亲为，不厌其烦。修建铁路时，他已年过五旬，而且时患哮喘、痢疾等恶疾，但他仍然奔波各地，处理事务。他交际广泛，据记载，常年通信的人士就多达两千余人，每有私密重要信函，必亲自撰写。

终其一生，盛宣怀的所有事业都是在跟国际资本的竞争中壮大起来的。他所开拓的实业，无论是轮运、矿务、电报，还是铁路、钢铁和银行，都是一个现代商业国家的

基础性产业，每一项俱事关国计民生，稍有不慎，都可能动摇国本。更为惊心的是，他身处一个财尽民贫、国家饱受侵略屈辱的乱世，国库空虚，官僚腐败，民众迷信，几乎没有可以依赖的力量，他凭一己之力，以弱者的身份呈现强人的姿态，从列强手中夺回了诸多的国家主权和经济权益。

他对国外资本向来十分排斥，以强悍的姿态与之抗衡。在招商局时期，他跟英美公司在长江航运上打了十年的"水仗"。洋商为了压垮招商局，一度把运费降到过去的一成，他硬是挺身而战，最终把对手逼到谈判桌上签订了"齐价合同"。在办电报局的时候，他顶住压力，通过艰苦谈判，将两家外资电报公司在沿海地区的电线全数拆除，让"洋线不得上陆"，维护了国家的主权。办铁厂和修铁路也是一样，他坚持以我为主，反对洋股介入，甚至因此与李鸿章、张之洞等洋务重臣公开抗辩。在矿务勘探和开采上，他一听说洋商发现或打算开采某一矿藏，就必定要急急地写信给朝廷，要么阻止要么抢先，总之千方百计要把矿权揽入怀中。数十年间，在很多时刻，盛宣怀的确扮演了国家经济利益捍卫者的角色，这也是他十分值得尊敬和怀念的地方。

盛宣怀与洋人竞争的重要手段，就是充分利用政府垄断资源。早在创办轮船招商局的时候，他就提议用四十万石漕运业务来为公司"打底"。在跟洋商打"水仗"的时候，他要求李鸿章给予种种政策上的优惠扶持，譬如减免漕运空回船税、减免茶税、缓提官本等等。办铁厂和修铁路的时候，他更是双管齐下：一方面要求"轨由厂出"，保证了汉阳铁厂的利润；另一方面则全面排斥洋资进入。1893年，上海机器织布局因失火造成重大损失，盛宣怀被派去救局。他以保护民族纺织业为由，提出两大产业政策：一是严禁洋商进口纺织机器而设厂，二是织布局的纺织品销售"免完税厘"。这一卡一免，就给了陷入困境的企业一条活路。

盛氏的这种经营战略，在后来的中国经济学者看来一点也不陌生，它几乎是所有国营垄断型企业的必杀招数。其利在于，垄断能

够产生庞大的效益和竞争力；其弊则在于，企业因此患上"政策依赖症"，并没有形成真正的市场竞争能力，就跟百年后的无数国营企业一样，在摆脱了初期的困境之后，国营企业内在的制度弊端必然愈演愈烈，终成不治之症。

盛宣怀这类天才型官商的出现，既是偶然，也为必然，总而言之是中国商业进步的一个悲剧。他以非常之手段完成不可能之事，却始终无法摆脱官商逻辑。在某种意义上，正是他的强势试验，在暮气重重的晚清掀起了一轮实业建设的高潮，取得了惊人的突破；另一方面，其强势的官商风格，则让洋务运动越来越浓烈地笼罩上了国营垄断的色彩。

（十）状元商人——张謇

张謇（1853—1926年），江苏海门人，字季直，号啬庵，出生于当时江苏省海门直隶厅常乐镇，中国近代著名的实业家、教育家。

张謇兄弟五人，他排行第四，故海门民间称他为"四先生"。张家世代务农，到张謇父亲时，已置田二十余亩，并兼营糖坊。同治七年（1868年），张謇16岁时，由于祖上三代没有功名，为了走上科举正道，经宋琛安排，张謇冒用如皋县人张铨儿子张育才的名义报名注籍，经县、州、院三试胜出，得隶名如皋县学为生员。同治八年（1869年）张謇考中秀才。同治十三年（1874年），张謇前往南京投奔原通州知州孙云锦。光绪二年（1876年）夏，应淮军"庆字营"统领吴长庆邀请，前往浦口入任文书，后袁世凯也投奔而来，两人构成吴长庆的文武两大幕僚，参与了庆军机要、重要决策和军事行动。光绪六年（1880年）春，吴长庆升授浙江提督，奉命入京陛见，张謇随同前往。

光绪二十年（1894年）慈禧太后六十大寿设恩科会试，张謇奉父命再次进京参加礼部恩科会试。二月，礼部会试，取中第六十名贡士；三月，礼部复试时中一等第十名，"初定十一，常熟师改第十"；四月二十四日殿试时翁同龢命收卷官坐候张謇交卷，然后直接送到自己手里，匆匆评阅后，竭力加以拔擢。翁同龢不但做了其他阅卷大臣的工作，把张謇的卷子定为第一，还在向光绪帝引见时，特地介绍说："张謇，江南名士，且孝子也。"张謇得中一甲一名状元，循例授六品翰林院修撰。

光绪二十二年（1896年）初，张之洞奏派张謇、陆润庠、丁立瀛分别在通州、苏州、镇江设立商务局，张謇与陆润庠分别在南通和苏州创办了大生纱厂与苏纶纱厂。

大生纱厂最初确定是商办，张謇试图通过官招商办、官商合办来集股筹款，但收效甚微，筹集资金十分有限。张謇无可奈何，只得向官府寻求援助，1896年11月，张謇通过曾任两江总督兼南洋商务大臣的刘坤一，将光绪十九年（1893年）张之洞搞"洋务"时用官款从美国买来的现搁置在上海的一批已经锈蚀的官机四万零八百锭，作价五十万两入股，作为官股，恰在此时，以官督商办及官商合办形式垄断洋务企业的盛宣怀也正要买机器，便把这批机器与张謇对分，各得两万零四百锭，作价二十五万两官股，另集25万两商股。官股不计盈亏，只按年取官利，因而变成"绅领商办"性质。

光绪二十四年（1898年），大生纱厂正式在通州城西的唐家闸陶朱坝破土动工，次年大生纱厂建成投产。经过数年的惨淡经营，大生纱厂逐渐壮大，到光绪三十年（1904年），该厂增加资本六十三万两，纱锭两万余枚。光绪三十三年（1907年）又在崇明久隆镇（今属启东县）创办大生二厂，资本一百万两，纱锭2.6万枚。到宣统三年（1911年）为止，大生一、二两厂已经共获净利约三百七十余万两。1901年起在两江总督刘坤一的支持下，在吕泗、海门交界处围垦沿海荒滩，建成了纱厂的原棉基地——拥有十多万亩耕地的通海垦牧公司。随着资本的不断积累，张謇又在唐闸创办了广生油厂、复新面粉厂、资生冶厂等，逐渐形成唐闸镇工业区。同

时，为了便于器材、机器和货物的运输，在唐闸西面沿江兴建了港口——天生港，以后，天生港又兴建了发电厂，在城镇之间、镇镇之间开通了公路，使天生港逐步成为当时南通的主要长江港口。19世纪末近代经纺工业的出现，使南通的城市功能由交换为主转为以生产为主，南通成为我国早期的民族资本主义工业基地之一。

发展民族工业需要科学技术，这又促使张謇去努力兴办学堂，并首先致力于师范教育。1902年7月9日通州师范择定南通城东南千佛寺为校址开工建设，翌年正式开学，这是我国第一所师范学校，它的建设标志着中国师范教育专设机关的开端。

张謇兴办过多所学习院校。1905年，张謇与马相伯在吴淞创办了复旦公学，这就是复旦大学的前身。1907年创办了农业学校和女子师范学校，1909年倡建通海五属公立中学（即今南通中学）。1912年创办了医学专门学校和纺织专门学校、河海工程专门学校（河海大学前身），并陆续兴办一批小学和中学……

1905年，他在通州建立了国内第一所博物馆——南通博物苑。1915年建立了军山气象台。此外还陆续创办了图书馆、盲哑学校等。

张謇主张"实业救国"，他一生创办了二十多个企业、三百七十多所学校，为我国近代民族工业的兴起，为教育事业的发展做出了宝贵贡献，被称为"状元实业家"。

营国巨商——吕不韦

吕不韦是战国末期富可敌国的大商人，他博学多才，文武双全，立志要改变当时列国争战不断、百姓生活水深火热的局面。一次偶然的机会，吕不韦遇见秦国在邯郸的质公子子楚，觉得这个人可以帮他实现伟大抱负。于是，吕不韦一掷千金，帮子楚嗣位，子楚最后终于继承王位，吕不韦如愿当上相国，从此大展宏图。吕不韦以"奇货可居"闻名于世，并组织门客编写了著名的《吕氏春秋》。

一、奇货可居

吕不韦（？—公元前 235 年），出生在两千多年前的卫国濮阳（今河南濮阳西南），是战国末期富可敌国的大商人、政治家、思想家，他博学多才，文武双全，胸怀大志，立志要改变当时列国争战不断、百姓生活困苦的局面。一次偶然的机会，吕不韦遇见秦国在邯郸的质公子异人（后改名子楚），觉得这个人可

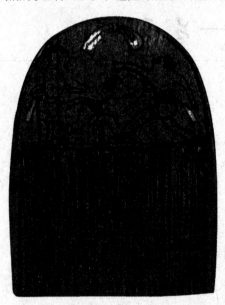

以帮他实现伟大抱负。于是，吕不韦一掷千金，帮异人嗣位，使异人成了王位继承人，最后异人继承王位，吕不韦如愿当上相国，从此大展宏图，为秦国完成了由霸业向帝业的转变。嬴政即位后，吕不韦被罢相，离开了咸阳。

吕不韦出身商人世家，《史记·吕不韦列传》中说，吕不韦"往来贩贱卖贵，家累千金"，也就是说吕不韦是个商人，通过贱买贵卖，赚了千金家产。公元前258 年，吕不韦到邯郸经商。一个偶然的机会见到了在赵国做人质的秦国王孙异人，认为"奇货可居"，遂主动上门取得联系。

当时，各国之间有一种制度，把本国王室成员派到一些国家做"人质"，以示信誉。这些人质，大多是有政治前途的王室公子，或者是在本国不受重视的王室公子，这种高级人质被称作"质公子"。

秦国选异人做"质公子"是有来由的，异人的父亲安国君最初并不是太子，公元前 267 年，原立太子早逝，安国君这才坐上太子之位。然而安国君的父亲秦昭襄王长寿，直到安国君 53 岁时才离开人世。安国君有二十多个儿子，而异人只是其中之一，既不是长子又不受宠，于是异人被派到了赵国做人质。异人来到赵国后，在秦赵两国关系友好时，秦王孙异人自然被奉为上宾，可一遇到两国关系紧张，他就成为阶下囚。

那时，秦赵两国经常交战，秦国顾不上做人质的异人，赵国又有意降低异人的生活标准，弄得他非常贫苦，天冷时甚至连御寒的衣服都没有。吕不韦知道这个情况后，立刻想到，倘若在异人身上投资会换来巨大的收益。他不禁自言自语道："此奇货可居也。"意思是把异人当做珍奇的物品贮藏起来，等候机会，定能卖个大价钱。

关于吕不韦对异人这个"奇货"的看法，《战国策》中有如下记载：

吕不韦了解到秦"质公子"异人的状况后，回到家里，问父亲："种地能获多少利？"

父亲回答说："十倍。"

吕不韦又问："贩运珠宝呢？"

父亲回答说："百倍。"

吕不韦接着问："那么把一个失意的人扶植成国君，掌管天下钱财，会获利多少呢？"

父亲吃惊地摇摇头，说："那可没办法计算了。"

吕不韦听完父亲的话，决定做这笔大生意。他首先拿出一大笔钱，买通监视异人的赵国官员，结识了异人。

他对异人游说道："我能光大你的门庭。"

异人笑着说："你还是先光大自己的门庭，然后再来光大我的门庭吧！"

吕不韦说："你不懂啊，我的门庭要等到你的门庭光大了之后才能光大。"

异人不知吕不韦所言之意，就请他坐下详谈。于是，吕不韦单刀直入，说："公子有嗣秦之望吗？"

异人摇了摇头道："从不奢望。"

吕不韦道："敢问是何缘故？"

异人垂下头来，低声说道："我兄弟有二十多人，我既不是长子，又不是幼子。我的生母不为太子所幸，故而我不为王上所喜，这才在此为质。作为人质，就越发疏远了大王和太子。我哪里会有嗣秦的想

法呢?"

听了异人的分析，吕不韦心中暗暗高兴。看来此人的头脑还算清醒，对问题的分析也比较有条理，这说明异人并不是一个庸才。于是吕不韦说："不韦不才，数月之内，必让公子嗣立。"

随后，吕不韦向异人讲明了自己的计划。他要拿出千金为异人办妥这件事。

吕不韦说："秦王已经老了，安国君被立为太子。我私下听说安国君非常宠爱华阳夫人，因此只有华阳夫人能够选立太子，但华阳夫人没有儿子。现在你的兄弟有二十多人，你又排行中间，不受秦王宠幸，长期被留在诸侯国当人质。即使秦王死去，安国君即位，你也不要指望同你的长兄和早晚都在秦王身边的其他兄弟争太子之位了。"

异人问道："是这样，那该怎么办呢?"

吕不韦说："你客居在此，生活又很窘迫，也拿不出什么来献给安国君、结交宾客。我吕不韦虽然不富有，但愿意拿出千金为你去秦国游说，侍奉安国君和华阳夫人，让他们立你为太子。"

异人一听，立刻信心倍增，于是拜谢道："如果您的计划真能实现，将来我能当秦王，必分秦国的半壁江山给您。"

回到家后，吕不韦吩咐下人，给异人送过去五百金，让他改善生活，结交高朋贵友；他另外支出五百金带去洛阳，在那里购置珍宝玩物，准备为异人疏通关系。

在那个时代，吕不韦的一掷千金不能不说是大手笔，是具有远见卓识的大投资，同时他也承担着巨大的风险。因为当时的秦王是异人的祖父秦昭襄王，异人的父亲安国君是个有二十多个儿子的老太子，要立异人为嗣，已经很难了，想让异人将来当秦王那就更难了，得等到秦昭襄王驾崩，安国君即位，把异人立为太子，然后安国君驾崩，才能轮到异人当王。这样长时间的等待，说不定会发生什么变化，即使安国君驾崩，异人也不一定能即位。所以说，吕不韦的投资可谓空前的壮举，他开创了历史上商人从政的先河，而且也是成功的典范。

中国古代著名商人与商业

二、一掷千金

有了吕不韦资助的五百金，如今异人的车马已经焕然一新，异人的服饰也变得光鲜华美，一扫之前的落魄，连侍者也一身的绫罗绸缎，神气十足。高朋贵友趋之若鹜，府门前已车水马龙。

吕不韦迅速打理好在赵国的生意，赶往秦国。一路上，他看到秦军的辎重正源源不断地运往长平。吕不韦判断，这一仗，赵国是输定了。

吕不韦到咸阳第二天的晚上，就见到了实施计划的第一位关键人物——华阳夫人的弟弟阳泉君。吕不韦送上准备好的厚礼，委婉地说明自己的意图，阳泉君答应做华阳夫人的工作，并答应尽快把他引荐给华阳夫人。

同时吕不韦又送重金给华阳夫人的姐姐，让她进宫劝说华阳夫人早立嗣子。华阳夫人的姐姐立刻进宫，劝华阳夫人道："现在您侍奉太子，甚得宠爱，可惜您没有儿子，不如趁太子宠爱之时，早一点在太子的儿子中结交一个有才能又孝顺的人，立他为继承人，像对待亲生儿子一样对待他，那么，太子在世时您受到尊重，太子死后，自己立的儿子即位，最终也不会失去现有的权势。"

姐姐这一番话让华阳夫人很受触动，她沉思了一会，说会好好考虑立嗣子的问题。

吕不韦通过阳泉君和华阳夫人姐姐的引荐，很快就见到了华阳夫人，送上准备好的厚礼。

寒暄过后，吕不韦对华阳夫

人说："异人公子很贤能，他十分想念父亲安国君和夫人，甚为关心夫人的未来，希望夫人对未来之事早做谋划。现在夫人很得太子宠爱，可是夫人无子。为夫人着想，应当早点在诸公子中寻找贤孝之人，作为自己的儿子。这样一来，夫人现在享有尊贵的地位，即使以后事情发生变化，因您所立的嗣子即位，您

的地位是不会受到影响的，正所谓'一举而得万世之利也'。"

华阳夫人想了想，道："先生的意思是叫我速立异人？"

吕不韦答道："夫人立嗣子，应当立贤孝之人。安国君的诸公子中称得上贤德的，他们的母亲虽然难说得幸，可也难讲失宠，因此夫人是不好与人家争的。异人公子很贤能，他的母亲又失宠于太子，他没有机会成为嗣子，所以必然愿意依附夫人。夫人若在此时立异人为嗣子，异人必感恩戴德，夫人将毕生有宠于秦矣！"

华阳夫人认为吕不韦说得很有道理，答应考虑他的提议。吕不韦辞别华阳夫人，怀着忐忑的心情回府等信。

当晚，安国君来到华阳宫，华阳夫人就趁着安国君心情大好之时，委婉地谈到在赵国做人质的异人非常有才能，来往的人都称赞他。说着说着，华阳夫人就哭了起来："我能入后宫侍奉您，是我的幸运，但非常遗憾的是我没有儿子，我希望能立异人为继承人，以便日后有个依靠。"

太子原先也是被质于赵国的，大概对在那里做质公子的难处深有体会，对异人颇为同情，又听说异人贤德，所以痛快地答应了华阳夫人的要求。

事情的进展快得出乎预料，第二天，华阳夫人的弟弟阳泉君就通知吕不韦，太子安国君已经决定立异人为未来的太子，并聘吕不韦为异人的师傅，请吕不韦回邯郸，"早晚教诲"。

看来吕不韦的判断没错，年轻貌美又温柔贤淑的华阳夫人果然深得安国君的宠爱，安国君对她言听计从，一夜的工夫她就说服安国君立异人为嗣了。吕不韦凭借超人的智慧、精辟的分析、雄辩的口才，终于使自己的"奇货"异人立为未来的太子。

数日后，吕不韦打理好咸阳的生意，回到了邯郸。此时的邯郸与吕不韦离开时大不一样了。离开时，邯郸百姓同仇敌忾、摩拳擦掌，期待着胜利。那个时候打仗是按斩杀敌人的数量论功行赏的，即提着人头领赏，人头越多，功劳越大，所以当兵的战败被杀头，百姓的头也被拿来充数。同样是死，当然要拼尽全力，同仇敌忾了，毕竟战还有生的希望啊。由于赵国对秦国的战事失利，现时的邯郸，大街小巷都挂满白色的花、白色的挽联和白色的幡，加之白雪皑皑，邯郸成了一座白色的城。

吕不韦担心在赵国当人质的异人的安危，没有进自家的大门，径直去了异人那里。走近异人的宅第，吕不韦发现有赵国的士兵在周围把守，不知是吉是凶。进了门一看，异人平安无事，一颗悬着的心才放了下来。原来吕不韦去秦国之前，请求平原君保护异人，平原君信守承诺，派赵兵将异人的宅院保护起来，防止愤怒的赵国军民拿秦的质公子异人出气。当时，赵国在战场上失利，邯郸的军民都想把愤怒发泄到人质异人的身上，异人吓得连门都不敢出，赵王甚至下令要杀掉秦的质公子异人，幸亏吕不韦想得周密，去咸阳之前委托平原君照顾异人，这才使异人躲过杀身之祸。

异人见吕不韦进门，忘了自己身陷险境，劈头就问："事情办得怎么样？"

吕不韦详细地讲了事情的经过，异人听后高兴得跳了起来，大叫："太好了，太好了，我终于得到了！"他做梦都没想到的事情，吕不韦竟然办成了，异人高兴的心情可想而知，连自己身处险境都浑然不觉了。

既然地位变了，秦赵又在打仗，异人当然不能再当人质了。吕不韦施展他游说的本领，使赵国同意送异人回国。正当异人和吕不韦欢天喜地打点行装准备回国之际，秦赵间爆发了长平之战，赵国在长平战败（公元前 260 年），秦国坑杀赵国战俘达四十多万。赵王气得暴跳如雷，改变了主意，禁止异人回国。异人已经是秦太子的嗣子，也许会是未来的秦王，这个人质自然非常重要了，赵国怎么能在与秦国交战之时放他回去呢？当然赵王也不会随便将异人杀了，异人万般无奈，只好暂时留在赵国。

在赵国的这段时间，吕不韦还做成了另外一笔交易，他把自己年轻貌美的爱妾赵姬送给了异人。赵姬能歌善舞，美丽动人，深得吕不韦宠爱。历史上吕不韦的邯郸献赵姬，使嬴政的生父到底是谁成了解不开的谜。传说一：吕不韦把自己的爱妾献给已经是嗣子的异人，以讨其欢心。传说二：吕不韦设计请异人到家中饮酒作乐，让已经怀有身孕的爱妾赵姬陪酒、献舞，异人被赵姬的美貌迷住，借酒劲向吕不韦索要赵姬。异人也知道吕不韦在他身上已经投下千金，是不会吝惜一个女人的。吕不韦先是假装生气，说赵姬是他最喜爱的女人，让异人另选他人，异人却非赵姬不要，于是吕不韦乘势把已经怀孕的赵姬送给了异人，这样若日后赵姬生了儿子，这个孩子将有可能成为秦国的王，也就是吕不韦的儿子可能成为未来的秦王，吕不韦的投资可谓深谋远虑，不惜一切代价。

异人得到如此美丽的妻子陪伴，整日歌舞升平，竟然忘了身处险地。光阴荏苒，一晃到了公元前259年，正月初一一大早，异人内室传出了一阵婴儿的啼哭声。赵姬生了一个儿子，因为是正月初一生的，故取名正。在古代，正与政相通，这个孩子就是后来的秦王嬴政。

关于这个情节，《史记》中有如下记载，说赵姬"自匿有身，至大期时，生子正"。大期是指超过十二个月。

说嬴政是吕不韦的儿子的根据是：第一，史料上关于嬴政和吕不韦关系非同一般的记载不只一两处。第二，即使赵姬大期而生政，也不能排除吕不韦与嬴政有血缘关系的可能性。因为吕不韦与赵姬的亲密关系，并未因赵姬与异人结婚而中断，这种关系一直延续到嬴政继承王位之后。说秦始皇是吕不韦的私生子，也可能是那些恨秦始皇的人对他进行的攻击、污辱，不足为据。

说嬴政不是吕不韦的儿子的根据是：当时异人已经是未来的太子了，赵姬生子时间不对，异人不可能不知道，所以嬴政应该是异人的儿子。

不管哪种说法，都已无从考证，秦始皇的生父是谁成了千古之谜。

异人在邯郸娶赵姬生子，乐不思秦。谁料风云变幻，战

争形势又发生了变化，为异人归秦创造了条件。

　　当时秦国趁赵国尚未恢复元气，再次派兵攻赵，白起率领得胜之师要大举进攻邯郸，灭赵已指日可待。然而在白起攻克了韩国上党、等待秦王发出进攻赵国邯郸的命令时，秦国内部却产生了矛盾。白起迟迟未接到发兵的命令，失去了占领邯郸的机会，但被困在城中的异人却因此避免了一场厄运。在那些吕不韦和异人用钱财结交的宾客的帮助下，异人成功地逃出了赵国。可赵姬和她幼小的儿子嬴政却没能逃脱，留在了邯郸城内，在豪门势力的保护下，才幸免于难。关于这一段历史，《史记》中记载道："赵欲杀子楚妻子，子楚夫人赵豪家女也，得匿，以故母子竟得活。"

三、嬴政归秦

　　回咸阳之后，异人首先拜见了父亲。太子安国君见儿子平安归来，自然很高兴，询问了异人和吕不韦是怎么逃出来的，又问了秦军围攻邯郸的情况。从太子那儿出来，异人便去了华阳夫人那里。华阳夫人早已听说异人回来了，见到了异人，华阳夫人也很高兴。因为见华阳夫人之前，吕不韦就预备好了一套楚国人穿的衣服，让异人见华阳夫人时穿，当时异人还不明白为什么让他穿这么怪异的服装。原来，华阳夫人是楚国人，吕不韦让异人穿楚国人的衣服见华阳夫人，是想取悦华阳夫人。这是吕不韦心思缜密的地方，他不仅有很多大手笔的行动，对细微之处也考虑得很周到。果然，华阳夫人看见穿着楚国人衣服的异人格外高兴，立刻对异人产生了好感，还给异人改了名字，叫子楚。在吕不韦的精心设计下，异人和华阳夫人的这次见面，大大缩短了母子之间的距离。

　　华阳夫人详细询问了子楚和吕不韦从邯郸逃脱的经过，接着又问了赵姬和嬴政的情况，子楚说从赵国逃出来时太匆忙了，没有顾上妻子和孩子，不知道她们现在怎么样了。华阳夫人安慰子楚说吉人自有天相，赵姬和嬴政不会有事的。

　　此后，子楚成了华阳夫人名副其实的孝子，几乎天天到华阳宫给华阳夫人请安，陪华阳夫人聊天，华阳夫人感觉很满足，庆幸自己选了一个好嗣子。有时，太子闲了也到华阳宫来，见到华阳夫人与子楚相处得如母子一般亲昵融洽，心中自然很高兴。华阳夫人不时地向太子讲述子楚的贤德，太子也庆幸他们选了一个优秀的嗣立者。

在赵国前线，由于魏国的公子信陵君窃得魏王军符，带兵来到赵国，秦军害怕腹背受敌，便撤了回来。将近一年的邯郸围困战到此结束，秦军也没能把子楚的妻子和孩子救出来。

一晃七年过去了，秦国发生了两件大事：

第一件事，公元前251年，秦昭襄王辞世，苦等王位五十多年的安国君即位，也就是秦孝文王。华阳夫人被册封为王后，公子子楚被立为太子。秦昭襄王去世，吕不韦极其高兴，这就离他所追求的目标又近了一步。另一个欢欣鼓舞的人便是子楚，他因父亲孝文王即位而成为太子，离王位只有一步之遥了。

第二件事，楚、魏、韩、赵四国，趁秦国举丧之际，组织联军进犯秦国。联军在渑池集结，等在那里要与秦军决战。吕不韦回到咸阳时，秦王嬴柱已经任命王龁为大将率兵迎敌。原本秦王嬴柱要派太子子楚为监军，但当时子楚正好染病，便推荐吕不韦代为监军，秦王准奏。临行前，秦王与王龁、吕不韦商讨了退兵之策，吕不韦把自己的计策讲了出来，秦王和王龁听后都认为可行，决定照计行事。

几天后，秦军大队人马来到渑池，扎下营寨，点火做饭。不多时，秦军营寨寨门大开，驶出十几辆战车。战车向着赵国营寨疾驶。直到离赵国营寨半里路左右，车队才把速度减下来，最后车队在离营门一箭之地停了下来。让赵军守门士兵进去禀报：故人吕不韦求见。

原来吕不韦在各国做生意时就已经结识了赵国的名将廉颇，并且经常出钱、出物资助赵军，和廉颇老将军很熟。

得到廉颇将军的允许，吕不韦的车队鱼贯入营。到了帐前，廉颇已在帐外迎候。吕不韦下车，二人寒暄着走进将军大帐。吕不韦对廉颇说："不韦不忘与廉老将军故交，秦太子亦不忘旧情，今特备薄礼送过来。"

廉颇笑道："这是先礼后兵了。"大家听了都笑了起来。

寒暄过后，廉颇请吕不韦在军中用膳，吕不韦起身道："两军交战，多留不便，就此告辞，后会有期。"

廉颇也不便多留，遂起身相送，说："那我们疆场上见吧！"二人笑着走出大帐。吕不韦登车回营。

廉颇回到帐中命士兵把礼品箱打开，可打开一箱一看，大家都惊呆了，里面全是石块。再打开第二箱，依然是石块。廉颇骂了一句"不韦小儿欺我"，但实际上他并没有生气，他知道这是吕不韦使的离间计，认为吕不韦的军事才能丝毫不逊色于他的经商本领。

就在这时，士兵向廉颇报告："楚国太子到！"

楚国太子是这次攻打秦国的联军总指挥，此人多疑，心胸狭窄，他看见吕不韦的车队进了赵军营寨，心里直嘀咕，特意赶来查看。

廉颇闻报心里一惊，知道楚国太子是为吕不韦入营的事而来的。于是命人把箱子盖好，便去迎接楚国太子。楚国太子已在帐前下车，还没等廉颇开口，楚国太子便问："老将军很忙啊！刚刚送走的是秦人吗？"

廉颇心想，楚国太子果然是为吕不韦入营之事而来，答道："是秦人，太子认识的，就是太子在赵国做质公子时见过的那个商人吕不韦。"

楚国太子冷冷地说道："富可敌国之人！这样的人肯定出手大方，再说，将军与吕不韦交情颇深，吕不韦定是送来些奇石珍宝吧。将军，可否让敝人见识一下？"

廉颇说："好啊，那太子就开开眼吧！"说罢，让人打开了一个箱子，楚国太子看后吃了一惊，他又看了其他几个箱子，说道："吕不韦如此欺人，实在令人气恼！"他只是嘴上这样说，心里却骂道："老家伙竟然欺骗我。"为了掩饰自己对老将军的怀疑，楚国太子忙说："我这次过来，是想请将军去敝营商讨对付秦军的事情，请老将军不要多心。"

廉颇说："太子无须解释，您先请回，老夫随后就到。"

楚国太子走后，廉颇对手下众将叹道："这个太子心胸狭窄，他只知道怀疑

我们，并没有看透此乃吕不韦的离间之计。"

果然不出廉颇所料，楚国太子出赵国军营之后，随行将领问他："太子，吕不韦真的送了些石头给廉老将军吗?"

楚国太子斩钉截铁地说："谁会信? 吕不韦与廉颇的交情非同一般，怎么能够骗他? 他是怕我识破，把珍宝换成石头叫我看，好像他受了吕不韦欺骗，我只是不便当场戳穿他罢了。"

吕不韦的离间计成功了，楚国太子已经怀疑赵国了。于是在接下来的战斗中，楚国太子故意让赵军打头阵，楚军断后，结果秦军在前面只是佯攻，派重兵偷袭了楚军的大营，烧毁楚军粮草。楚军立刻就没了斗志，匆匆忙忙准备撤军，在撤军时又先行拔营起寨，结果中了秦军的埋伏，全军覆没，楚国太子失踪，可叹楚国的十万男儿，就这样被一个庸才葬送了。

秦军用反间计破了楚、赵、魏、韩联军，大获全胜。接着秦军尾随撤退的赵军，既不开战，也不撤兵，一直走到赵的都城邯郸城郊才停下来。廉颇将军不知秦军的真实意图，怕秦军跟着赵军进城，于是命赵军暂不入城，就地扎营，看看秦军的动静再说。

且说秦军扎下营帐，吕不韦命军士把在战斗中俘虏的赵将乐启带进来。乐启虽然被秦军关押，但从未被缚。他到了大帐，吕不韦对他说："这一路委屈了将军。现在到了邯郸郊外，我想请将军回城禀告赵王：赵国无理，大兵犯境，现秦军令赵军完军而归，不是无力歼灭，而是因为我秦国嬴政母子还在赵国。今我大军压境，便为迎嬴政母子归秦。烦请将军和赵王说，若嬴政母子完璧归秦，秦必全军返回。"

乐启根本没有想到秦军尾随赵军是为了这个，心里很高兴，忙说："谢诸公不杀。报赵王一事，乐启定当速办。"

乐启回赵营把秦军来此的目的一说，廉颇将军也放心了，立刻报告赵王，秦军是来接客居赵国的嬴政母子归秦的。赵王速派长安君和乐启送嬴政母子到了秦军大营，吕不韦和王龁迎了上去，与长安君和乐启寒暄了几句，随后，嬴政母子下车，赵女领着嬴政去后帐休息。嬴政母子终于结束了多年的流亡生活。

吕不韦在帐中设宴，款待送嬴政母子回秦营的长安君和乐启将军。之后秦军就踏上了归途。回撤的秦军浩浩荡荡，旗幡招展，首尾不见。

秦军酣畅淋漓地打败了联军，并且成功地接回了嬴政母子，咸阳沸腾了，全城热热闹闹地庆祝了三天。

到了咸阳，赵女就成了太子妃了，她心中甚为激动。嬴政也结束了野孩子的生活。经过千辛万苦，甚至是死里逃生，吕不韦预定的目标，正在一个个成为现实。

进宫后，嬴政第一个要去拜见的，自然是秦王。秦王早就知道儿子子楚和赵女以及他的这个孙子在邯郸度过了一段极不寻常的日子。见了面，见孙子相貌出众，聪明伶俐，举止大方，秦王越发地高兴了。秦王问了嬴政许多问题，嬴政一一做了回答，与秦王待了一顿饭的工夫，子楚便带嬴政离开了。

当日午后，赵女和嬴政来拜见王后。年轻漂亮又知书达理的赵女一下子讨得了王后的喜欢。同样，博览群书、温柔美丽的华阳夫人也立即得到了赵女的敬爱。王后把嬴政拉到自己的身前，见孙子和自己想象的一样，是一个翩翩少年，心中也十分高兴。王后详细询问了嬴政母子在赵国的生活情况，嬴政又一一做了回答，王后很快就喜欢上了这个聪明的孩子。

从此，嬴政母子在宫中开始了全新的生活，王后为嬴政找了先生，又让宫中一些品行好的孩子陪嬴政读书。赵女经常过去陪王后聊天，一家人相处得很融洽，嬴政母子很快就适应了宫中的生活。

四、施展抱负

秦孝文王嬴柱为父亲秦昭襄王守孝一年，公元前 250 年正式即位，但即位后不久就死了。秦宫沉浸在巨大的悲痛之中。据后人研究，死因有这么几点：

一是他年纪大了，即位时已经 52 岁了；二是他身体不太好，他有几十个妃嫔，生了二十多个儿子，再加上养尊处优，疏于锻炼，身体就出状况了；三是心情大喜大悲，老王在位五十多年，死了他能即位是大喜，但父亲去世又是大悲之事，悲喜交加，一下子就病倒了，由于身体不好就再也没起来。

公元前 249 年，秦孝文王嬴柱逝世后的第三天，太子子楚继承了王位，他就是秦庄襄王。华阳王后被尊为华阳太后，子楚的生身母亲夏姬被尊为夏太后，赵女被封为王后，嬴政被立为太子。

庄襄王即位后的第一道命令就是关于吕不韦的：任吕不韦为相，封为文信侯，以兰田十二个县为食邑。诏令一出，满朝文武都惊呆了，因为当朝百官无一人能如此集官、爵、食邑最高等级于一身。吕不韦做到了，他心里十分清楚，这不过是十几年前在邯郸投资所收回的利益而已。如今的吕不韦，官——相国，一人之下，万人之上；爵——文信侯；食邑——兰田十二县，在当时最大的也就是万户侯了，十二县有十多万户了。从此秦国大政实际上完全控制在丞相兼文信侯吕不韦的手上，国王子楚本来就没什么治国之才，凡事都由相国吕不韦裁决，他自己只管吃喝享乐，秦国进入了由吕不韦擅权的时代。

吕不韦当政后的第一件事，就是大赦罪犯，奖赏先王功臣并对百姓施一些小恩小惠。这使得吕不韦在秦国臣民中口碑非常好。他收买人心，泽及罪人、功臣和平民，威信迅速提高，子楚称王以后，吕不韦的远大抱负——要把秦国变成统一中原各国的强大帝国，便有了施展的空间。

庄襄王对吕不韦是言听计从，故吕不韦独断秦国朝政。事实上，秦庄襄王子楚从小就被派到赵国做人质，没有受到良好的教育，自己又不爱学习，凡事都要依靠吕不韦拿主意，而吕不韦雄才大略，聪明睿智，深谋远虑，乃经世治国之才。因此，秦王也就把秦国的大小事宜都交给吕不韦去办，在吕不韦的治理下，秦国的国力越来越强大。

工于算计的商贾从政，处处都显露出他善于把握时机的才能，千方百计取得最大效益。消灭东周就是吕不韦执政后树立起的第一块丰碑。

公元前 249 年，苟延残喘的东周联合各诸侯国图谋进攻秦国。秦本来就想消灭周天子，但恐在道义上会受到谴责，同时连年用兵也需要时间休养生息，此时恰好时机到了，东周图谋攻秦，给了秦一个出兵的借口，也给了吕不韦建功立业的机会。吕不韦轻而易举地征服了东周，将其领土并入秦的版图，彻底消灭了统一中国过程中最后的障碍。

吕不韦虽灭东周，却不绝其祀，没有对东周人赶尽杀绝，又为自己树立了崇奉礼义、"兴灭"、"继绝"的光辉形象，从而赢得士人的好感，也消减了一些姜、姬姓诸侯的仇恨和反秦情绪，为大批士人投奔秦国及顺利完成统一大业创造了条件。

吕不韦掌权的头一年，秦国在军事上和政治上都显得生气勃勃，秦国的国界已逼近魏国的国都大梁，魏国陷入一片混乱之中。于是魏国请回自窃符救赵后留居赵国的信陵君，信陵君凭着自己的声望，组织五国联合军事行动，五国联军抗秦，秦军大败，给春风得意的吕不韦当头一棒。这是吕不韦当政后军事上的第一次也是唯一的一次失败，从此他用兵更加谨慎。吕不韦从失败中总结出，不除掉信陵君，秦国的军事征服就会遇到更多的困难。吕不韦经过多日谋划，精心安排，到处散布谣言，利用挑拨离间计使魏安釐王解除了信陵君的军权，致使信陵君含冤四年后身亡。

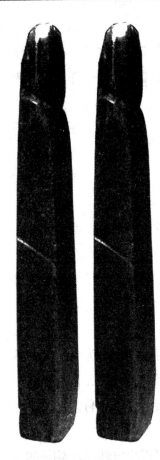

中国古代著名商人与商业

公元前 247 年，秦庄襄王驾崩。被吕不韦视为奇货的庄襄王，为了坐上国王宝座，不惜把自己当做商品交给吕不韦去投机，他弃生母夏太后于不顾而去取悦华阳夫人。可是，付出如此巨大的代价，刚坐了三年秦王宝座就命归黄泉，死时才 35 岁。对于庄襄王的死，众人议论纷纷，有人说是得病死的，有人说是吕不韦害死的。后一种说法显然缺乏依据，吕不韦已经总揽大权了，秦王又对他言听计从，他没有必要害死秦王。事实上无论死因如何，吕不韦在秦国的地位都发生了变化。或许是上天的有意安排，四年之中，有三位国王辞世，在较短的时间之内，嬴政成了秦国之王，当年吕不韦一掷千金帮"质公子"子楚游说时，怎么也不会想到自己的投资这么快就大见成效。

看来做事不仅要独具慧眼，还要有机遇。吕不韦的这次投资就把握住了机遇，是历史对他的厚爱。庄襄王的死，给吕不韦施展旷世的才能、实现远大的抱负创造了条件。

公元前 247 年，秦宫在举行了庄襄王的葬礼后，紧接着举行了秦王嬴政的登基典礼。那年秦王嬴政才 12 岁，是个尚未成年的孩子，秦国的大小事务仍然是相国吕不韦说了算。嬴政即位后，吕不韦除了相国、文信侯外，又多了一个特殊的称呼——仲父。秦王嬴政当然不想给他这个封号，这完全是吕不韦自己的主意，而年幼的秦王羽翼未丰，不好违背相国的意思。从此，吕不韦就坐到章台宫大殿秦王御座的右侧，开始处理朝政了。"仲父"既不是官名，也不是爵名，而是叔父之称，是颇具亲情色彩的称呼。从公元前 247 年秦王嬴政即位到公元前 237 年亲政之前，都是吕不韦在秦国直接掌权的时代。

仲父是个什么称呼呢？吕不韦又为什么让秦王叫他仲父呢？

仲父是齐桓公对管仲的尊称。春秋时期，大政治家管仲辅佐齐桓公治理齐国，创建霸业，使齐国成为列国霸主。齐桓公非常尊敬、信任管仲，把齐国朝政都交给管仲处理。因为管仲是上一朝的元老，年纪又比齐桓公大，故齐桓公

尊称管仲为"仲父"。仲父的称呼就是这么来的。管仲治理齐国的功绩曾得到孔子的称赞，孔子说："管仲辅助齐桓公做诸侯霸主，一匡天下。要是没有管仲，我们都会披散头发，左开衣襟，成为蛮人统治下的老百姓了。"

吕不韦让秦王嬴政叫自己仲父，一是表示他与嬴政感情亲近，情同父子。二是要告诉人们他治理秦国的功劳可与管仲当年治理齐国相媲美。

吕不韦在秦国做相国时，实行了一系列强国富民政策，使秦国的国力、民力在短时间内居于列国之首，他没有当了大官就嫉贤妒能的通病，对元老重臣极为器重，重视各类人才。始终重用老将蒙骜就是最好的例证，在吕不韦执政的十余年中，秦国经济、文化的长足进步，为其施展政治才能提供了客观条件。为了实现他的帝国霸业，秦国在外不断用兵，并不断夺得胜利，蒙骜虽已年迈，但仍然带兵冲锋陷阵，威风不减当年。对旧臣不存戒心，对元老毫无成见，是吕不韦取得成功的原因之一。

吕不韦不仅仅重用老臣，只要有才能的人在他那都会找到用武之地，他用人不拘一格，不论资排辈，选贤任能。当时最有名的是小甘罗，他12岁就能担负出使的重任。

秦庄襄王死后，吕不韦立12岁的太子嬴政为国君，也就是后来的秦始皇，秦国的大权还是操控在吕不韦的手里。吕不韦为了进攻赵国，假意跟燕国和好，先打发使者去破坏燕、赵联盟，燕王叫太子丹到秦国去做人质，吕不韦又叫张唐到燕国去当相国。不料，张唐却一口拒绝了，说："我曾经率兵攻打过赵国，赵国人都恨我入骨，说谁能抓住我，就赏他方圆一百里的地。这次去燕国肯定要经过赵国，我这不是有去无回吗？请相国派其他人去吧！"

张唐的一番话让吕不韦非常恼火，但一时又想不到其他办法，也想不出更合适的人选。他闷闷不乐地回到家中，站在窗前一言不发，脸色阴沉得可怕。这一切被吕不韦家的一个叫甘罗的小门客看在眼里，甘罗是秦国相国甘茂的孙子，甘茂死后，他就投奔吕不韦了。甘罗见吕不韦不高兴，就上前问道："相国，您有什么不高兴的事吗？"

吕不韦不耐烦地挥挥手，说："去玩吧，小孩子家懂什么！"

甘罗非常自信地说："别看我年纪小，我从小就在爷爷身边，知道的事很多，或许我能帮您出出主意呢！"吕不韦觉得甘罗的话说得有理，便把事情的前因后果告诉了他。

甘罗听了，拍着胸脯说："相国就把这件事交给我去办吧，我保证说服张唐。"

吕不韦半信半疑，但听甘罗说得那么坚定自信，就同意让他去试一下。于是甘罗来到了张唐府门前，让下人进去通报。张唐听说吕不韦的门客来访，连忙出来相见。不料见到的是个乳臭未干的小毛孩，脸就拉下来了，态度很不友好。

甘罗就像没看到张唐脸色的变化，不慌不忙地说："我听说从前应侯（范雎）打算攻打赵国，却遭到了武安君白起的百般阻挠，结果武安君离开咸阳才七里就被应侯赐死了。现在吕相国亲自请您去燕国当相国，您却找借口不肯去，您想想他会放过您吗？"言外之意是张唐如果违抗相国的命令，将有性命之忧。

张唐听甘罗这样一说，吓得浑身直冒冷汗。是啊，相国吕不韦掌握着秦国的生杀大权，违背他的意思还能有活路吗？张唐的表情变化甘罗看在眼里，心中暗自好笑，紧接着又补上一句："我真不知道您会发生什么意外呢？"

此时张唐非但不敢看轻这个十几岁的小孩，反而连连感谢他救了自己一命，并且让甘罗转告吕不韦，自己立刻动身前往燕国。

回到相国府，甘罗把事情的经过一五一十地向吕不韦作了汇报，吕不韦非常满意，对这个12岁的小甘罗也刮目相看了。

过了一段时间，有个出使赵国的差事，甘罗主动要求前往。这一次，吕不韦毫不犹豫地答应了，他还把这件事报告了秦王，在秦王面前大大夸奖了甘罗一番。

秦王下令召见甘罗，问他见了赵王要说些什么？甘罗答道："现在我不知道赵王将会有什么反应，我只能见机行事了。"秦王很满意，给了他十辆车、一百多名仆从，派他出使赵国。

赵王听说秦国派来使者，不敢怠慢，亲自出城迎接。不料见到的使者居然是个小孩，就起了轻视之念，问到："你今年几岁了？"

甘罗回答道："小臣今年12岁。"

赵王哈哈大笑说："秦国难道已经没人可派了吗？怎么连12岁的小孩都派了出来？"

甘罗从容答道："我们秦王用人完全根据他们才能的高低，才能高的人做大事，才能低的人做小事。秦王认为这是小事一桩，所以就派我来了。"

甘罗机智巧妙，不卑不亢的回答让赵王听了不觉一愣，来者不善啊。赵王重新打量着甘罗，不敢再轻视他了，问道："秦王派你来有什么事吗？"

甘罗并没有马上回答，却反问赵王："大王您有没有听说燕国太子丹到秦国做了人质？"

赵王点了点头说："听说了。"

甘罗又问："大王您知道秦国派张唐做燕国的相国吗？"

赵王又点了点头。

甘罗这才转入正题说："既然您都听说了，您怎么一点也不着急啊？"

赵王问："我为什么要着急呢？"

甘罗说："秦燕两国这么做，说明它们关系十分密切，这样的话，你们赵国就危险了。"

赵王问道："那依你看我们赵国该怎么办呢？"

甘罗说："依我看，大王不如把五座城池割给秦国，那样的话秦王自然很高兴，您就趁此机会请求秦王把太子丹遣送回燕国，让秦国断绝与燕国的关系。这样一来，凭赵国的实力攻打弱小的燕国绝对不成问题，到时您得到的恐怕不仅仅是五座城池了。"

赵王觉得在理。他依照甘罗说的，把河间一带的五座城池割让给了秦国，秦国也把太子丹送回了燕国。之后赵国立刻出兵攻打燕国，得到了三十座城池，又把其中的十一座送给了秦国。

秦国不费吹灰之力得到了十六座城池，秦王非常高兴，对甘罗大加赞赏，封他为上卿。甘罗凭着自己的聪明才智，在 12 岁时就当上了上卿，他的事迹成为中国历史上一段知人善任的佳话。

五、《吕氏春秋》

吕不韦当政做的另一件大事就是网罗各种人才，编纂了一部集各家之长的《吕氏春秋》。

据说吕不韦有门客三千。那时各国诸侯都大力招揽人才，供养食客，其中最著名的要数"战国四公子"，即齐国的孟尝君、赵国的平原君、魏国的信陵君、楚国的春申君。而吕不韦是秦国历史上第一个认识到士的重要作用，从而大规模招揽宾客、打开国门大批养士的政治家，为开创霸业建立了人才库。

吕不韦任相国之初，就在相府内建造了数以千计的高堂广舍，聘请众多名厨，在城墙上挂起告示，欢迎各方士人来相府做客。因为吕不韦本人并非秦人，却官至秦相，这对希求功名的人士，极具诱惑力。其次，吕不韦权势大，养士之举不会遭人反对和嫉恨。另外，秦国在军事上节节胜利，统一六国是早晚的事情。因此吕不韦纳贤告示一经发出，有识之士便纷纷奔相府而来，很快，吕不韦门下的食客就达三千之众。后来在秦国历史上起过重要作用的司马空、李斯、嫪毐，都曾经是吕不韦的门客。

吕不韦是思想家、政治家，也是大商人，他不会在家里白养三千食客的，他要人尽其才、物尽其用，让这些人编书就可以最大限度地发挥他们的才能，既可以为统治者提供执政借鉴，还可以帮吕不韦留名青史。

要让各有所长的三千门客编一部完整的作品是一件很不容易的事情，既要保持各派学者的观点和风格，又要相互融合，成为一部完整的作品，经过一番研究，终于得到圆满解决。这部书形式上统一，内容则多样，开创了杂家体例。为了提高作品质量，防止抄袭现成之作，同时也要宣传自己，吕不韦又想出一招。把《吕氏春秋》用竹简抄好挂在咸阳城门旁，那里过往的人多，还立了一个告示，上面写着:如有人能对《吕氏春秋》改动一字，赏赐千金。这就是成语"一字千金"的由来。吕不韦这一招实在是起到了广告宣传的作用，用现代的话说属于自我炒作。同时他也是想通过这个办法告诉秦王嬴政，他的《吕氏春秋》没有任何错误，让秦王按照他书上说的执政。

吕不韦之所以敢出千金赏赐改动《吕氏春秋》的人，一方面是他有这个自信，觉得自己的作品经得住推敲，另一方面是他的权势无人可敌，谁人敢改动一字，那不是藐视相国的权力吗？随着时间一天天过去，好奇的观众越来越少，站在城门前阅读《吕氏春秋》的人也逐渐散去，终无一人将千金取走。其实，并非书中不可改动一字，而是吕不韦权倾朝野，人们不敢改动，害怕招来杀身之祸，告示只不过是吕不韦吹嘘的手段罢了。后来东汉有个叫高诱的学者，专门研究了这部《吕氏春秋》，指出书中有十余处错误。

《吕氏春秋》又名《吕览》，全书共分为十二纪、八览、六论，共二十六卷，一百六十篇，二十余万字。内容驳杂，有儒、道、墨、法、兵、农、纵横、阴阳等各家思想，所以《汉书·艺文志》等将其列入杂家。总之，《吕氏春秋》形式上虽具系统，思想上不成一家。这部书汇合了先秦各派学说，"兼儒墨，合名法"，提倡在君主集权下实行无为而治，顺其自然，无为而无不为。用这一思想治理国家，对于缓和社会矛盾，使百姓休养生息，恢复经济发展非常有利。

据吕不韦说，此书对各家思想的去取完全从客观出发，对各家都抱公正的态度，并一视同仁。因为"私视使目盲，私听使耳聋，私虑使心狂。三者皆私设，精则智无由公。智不公，则福日衰，灾日隆"（《吕氏春秋·序意》）。《吕氏春秋》的十二纪是全书的大旨所在，是全书的重要部分，分为《春纪》、《夏纪》、《秋纪》、《冬纪》，共六十篇。《吕氏

春秋》是在"法天地"的基础上编辑的，而十二纪是象征"大圜"的天，所以，这一部分便使用十二月令作为组合材料的线索。《春纪》主要讨论养生之道，《夏纪》论述教学道理及音乐理论，《秋纪》主要讨论军事问题，《冬纪》主要讨论人的品质问题。八览，现在六十三篇，显然脱去一篇。内容从开天辟地说起，一直说到做人务本之道、治国之道以及如何认识、分辨事物，如何用民、为君等。六论，共三十六篇，杂论各家学说。

　　吕不韦编著的《吕氏春秋》既是他的治国纲领，又可作为即将亲政的赢政执政的借鉴。可惜赢政将《吕氏春秋》里的政治见解和治国方略视作粪土，在执政时横征暴敛，实行严酷的专制统治。《吕氏春秋》的价值逐渐为后人领悟，成为了解战国诸子思想的重要资料。

六、修郑国渠

　　吕不韦做的第三件大事，就是修了一条为秦统一六国积聚大量物资基础、让后世子孙受益的郑国渠。

　　公元前249年，韩国赢弱到不堪一击的地步。想当年，韩军战斗力也很强，有"强弓劲弩皆在韩出"、"天下宝剑韩为众"的说法，然而，在强秦的进攻下，韩国被打败了，将士尸横遍野、百姓妻离子散。面对强敌，即将亡国的韩惠王派出一个手无寸铁的水利工程师——郑国，去说服秦国兴修水利。在韩国看来，这是危难之际的"疲秦"策略，是救亡图存的好办法。在古代，各国没有常备军队，全民皆兵，而修郑国渠这样大型的灌溉工程，秦国要动用所有青壮年劳力，耗费大量财力和精力，这样秦国就没有精力对别的国家用兵了，韩国想借此求得暂时的安宁。

　　肩负拯救韩国命运的郑国，在咸阳见到了秦国的主政者吕不韦，他向吕不韦提出了修渠建议。当时秦王嬴政年仅13岁，国家大政实际由相国吕不韦把持。商人出身、并非秦人的吕不韦一直希望做几件大事来显示治国才能，巩固自己的政治地位。韩国的建议与吕不韦急于建功立业的想法不谋而合，况且在泾水、洛水之间修渠是对秦国有百利而无一害的好事。

　　修渠之前，泾水、洛水两条河流之间满是盐碱之地，不利耕种，也缺乏灌溉。开渠之后，这片盐碱地将得到灌溉，可变成万顷良田，秦将获万年之利。吕不韦知道要灭掉六国，首先要使自己的国家强大。以前，秦国都在周边打仗，战争规模不大，持续时间不长，原因是兵源不足，粮草短缺。而要统一六国，大军一动，将不是几万，而是几十万、上百万，需要源源不断供应粮草。没有强盛的国力，就无法提供庞大的

军用物资。等渠修好以后，秦国国富兵强，再挥师灭掉六国也为时不晚。

修郑国渠可以给秦国带来巨大的收益，但秦人没有那么长远的战略眼光，看到的只是修渠将要倾全国的人力、物力，耗费少则三五年、多则七八年的时间，很难说服秦人做这种费力又看不到好处的事。郑国提出修渠建议之后，吕不韦就让人提泾河之水浇灌了三顷地，一年下来，所灌之地碱质全退，变成了良田，庄稼一年可收两季，且长势喜人。

于是秦国接受了郑国的建议，在泾水、洛水之间修一条渠，这就是历史上有名的郑国渠。

郑国设计的引泾水灌溉工程充分利用了关中平原西北高、东南低的地形特点，使渠水由高向低实现自流灌溉。为保证灌溉的水源，郑国渠采用独特的"横绝"技术，通过拦堵沿途的清峪河、蚀峪河等河流，让河水流入郑国渠。郑国渠巧妙连通泾水、洛水，取之于水，用之于地，又归之于水。在今天看来，这样的设计也可谓巧夺天工。

公元前 237 年，郑国渠就要完工之时，有人向秦王禀告郑国来秦国修渠的真正目的是要拖垮秦国，使秦国无暇对其他国家用兵，韩国的修渠阴谋被揭穿，郑国有性命之忧。

这一事件引发了更大的危机，当时秦王已经很有主见了，秦国的嬴姓贵族早就不满吕不韦当政，正好借这一事件向秦王建议驱逐外国人，自然包括相国吕不韦。吕不韦的门客，来自楚国上蔡的李斯写了著名的《谏逐客书》，规劝秦王善用人才。而危急中郑国也对秦王说，杀掉我没什么，可惜工程半途而废，这才是秦国真正的损失。

秦王权衡利弊，最后得出结论：修建水利工程对于开发关中农业的意义，远远高于对国力造成的消耗。于是，秦王收回驱逐侨民的决定，郑国渠也得以继续修建。

公元前 236 年，郑国用了十年时间，终于把渠建成了。郑国渠尘埃落定，人们看到了一个崭新的秦国，郑国渠和都江堰两大水利工程一北一南遥相呼应，如同张开的两翼，东方六国都处在其羽翼之下，秦灭六国到了瓜熟蒂落的时候了。

郑国渠建成之后，关中成为天下粮仓。据史学家统计，郑国渠灌溉的 115 万亩良田，足以供应秦国 60 万大军的军粮。

公元前 230 年，秦军直指韩国。对这时的秦国来说，疲秦之计已变成强秦之策。中国历史上第一次大一统的最后决战一开始，韩国就灰飞烟灭了。郑国渠建成 15 年后，秦灭六国，实现统一。

七、李斯出山

李斯，字通古。楚国上蔡（今河南上蔡西南）人。李斯早年做过一个郡的小吏，他觉得做这种小官没出息，于是辞官后从荀子学帝王之术，学成来到秦国，投到吕不韦门下。吕不韦见他颇有才能，便给他个侍郎做，李斯这才有机会接触到秦王，后来李斯劝说秦王灭诸侯、成帝业，得到秦王的赏识，被任为长史。秦王采纳李斯的计谋，遣谋士持金玉游说关东六国，离间各国君臣，又任李斯为客卿。

公元前 237 年，秦国宗室贵族要求秦王下令驱逐六国客卿。他们向秦王进谏说："那些来秦国的人，大抵是为了他们自己国家的利益来秦国做破坏工作的，请大王下令驱逐一切来客。"秦王觉得有道理，便下了逐客令，李斯也在被逐之列。看着自己的宏图大志就要泡汤了，李斯给秦王写了一封信，劝秦王不要逐客，这就是有名的《谏逐客书》。

李斯在《谏逐客书》中说：我听说群臣议论逐客，这是错误的。从前秦穆公求贤人，从西戎请来由余，从东方的楚国请来百里奚，从宋国迎来蹇叔，任用从晋国来的丕豹、公孙支。秦穆公任用了这五个人，兼并了二十国，称霸西戎。秦孝公重用商鞅，实行新法，移风易俗，打败楚、魏，扩地千里，秦国渐渐强大起来。秦惠王用张仪的计谋，拆散了六国的合纵抗秦，迫使各国服从秦国。秦昭襄王得到范雎，削弱贵戚力量，加强了王权，蚕食诸侯，秦成帝业。这四代王都是由于任用客卿，对秦国做出了巨大贡献。客卿又有什么对不起秦国的呢？如果这四位君王也下令逐客，只会使国家没有富利之实，秦国也没有强大之名了。

李斯还说，秦王的珍珠、宝玉都不产于秦国，美女、好马、财宝也都是来自东方各国。如果只用秦国有的东西，那么许多好东西也就没有了。李斯还在信中反问：为什么这些东西可用而客就要逐，看起来大王只是看重了一些东西，却不懂得重用人才，驱逐的人才为他国所用，其结果是加强了他国的力量，却不利于秦国的统一大业。李斯的这番话，不仅用词恳切，而且真实地反映了秦国的历史和现状，代表了当时有识之士的见解。因此，这篇《谏逐客书》成为历史名作。

秦王觉得李斯说得很有道理，果断地采纳了李斯的建议，取消了逐客令，李斯仍然受到重用，被封为廷尉。

同时，即将被杀的郑国也向秦王进言：韩国让秦国大兴水利建设工程，当初的目的是消耗秦国实力，但水渠修成之后，对秦国也是有利的。尽管兴修水利，减轻了秦国对东方各国的压力，让韩国多存在几年，但修渠可为秦建万代之功。秦王觉得郑国的话有道理，决定不杀郑国，让他继续修渠。闻名于世的郑国渠对发展秦国的经济，起到了一定的作用。

秦国继续坚持接纳、任用客卿的政策，对其经济、政治、军事、文化的迅速发展，都做出了积极的贡献。如秦始皇时期的客卿就有：王崎、茅焦、尉缭、王翦、李斯、王贲、李信、王离、蒙恬等。李斯的《谏逐客书》，对秦网罗天下人才是有重大作用的。

经过这一次逐客事件，秦王更加成熟了，向亲政迈进了一大步。同时李斯这颗秦国政坛的新星也冉冉升起，李斯取代相国吕不韦是早晚的事了，历史将要进入李斯时代。

秦统一天下后，李斯与王绾、冯劫议定尊秦王政为皇帝，并制定有关的礼仪制度。李斯被任为丞相。他建议拆除郡县城墙，销毁民间的兵器，以加强对人民的统治；反对分封制，坚持郡县制；又主张焚烧民间收藏的《诗》、《书》、百家语，禁止私学，以加强专制主义中央集权的统治。还参与制定了法律，统一车轨、文字、度量衡制度。秦始皇死后，李斯与赵高合谋，伪造遗诏，迫令始皇长子扶苏自杀，立少子胡亥为皇帝，即秦二世。不久秦二世和李斯都被赵高所杀。

八、嫪毐叛乱

吕不韦在忙着治国大事的同时，做了一件过早葬送自己政治前途及生命的错事，那就是让自己的门客嫪毐进宫陪伴太后赵女。

嫪毐（？—公元前238年），战国时期秦国的假宦官。据说赵女和嫪毐早在赵国时就认识，算是旧相识。前面已经说过，赵女嫁给子楚之前是吕不韦的爱妾，传说赵女和吕不韦一直没有中断联系。庄襄王死后，赵女经常要吕不韦进宫陪伴，吕不韦一方面政务较忙，另一方面也是想抽身，于是向太后赵女推荐了嫪毐。通过贿赂宫中做宫刑的人，让嫪毐假装受了宫刑，进了后宫，整日陪伴太后左右。嫪毐进宫后很受太后宠爱，与太后相处如夫妇。不久，太后怀孕了，太后怕生产时被人发现，于是假称有病，让嫪毐拿金钱贿赂占卜的，让占卜者说宫中有鬼，应该到西方二百里之外避难。秦王政同意了太后的要求，说："雍州正好在咸阳以西二百余里处，那还有宫殿，孩儿派人去打扫，太后可以住在雍州的宫殿。"于是太后搬到雍城居住，嫪毐一同前往。

离开咸阳，嫪毐与太后更加肆无忌惮，两年之中，连生二子，筑密室藏而育之。太后私下与嫪毐相约，他日秦王驾崩，让自己的孩子即位。天底下没有不透风的墙，嫪毐经常在外面酗酒，酒后狂言他和太后情同夫妻，生有二子。开始人们并不信嫪毐的酒后之言，时间久了，他们的事外人也就知道了，但无人敢言。太后先是对秦王说嫪毐代替大王伺候太后有功，让秦王封嫪毐土地。之后秦王又奉太后之命，封嫪毐为长信侯，赐予泾阳之地。嫪毐仗着太后的宠信，更加恣意妄为。太后经常给嫪毐赏赐，宫中的车马嫪毐可以随便使用，

事无大小，都由嫪毐决定。嫪毐蓄养家童上万人，门客千余人，扬言这些都是跟相国吕不韦学的。嫪毐的势力迅速赶上文信侯吕不韦了，很多想做官的人，知道他和太后的关系，都争着巴结他，投到他的门下。

还有另一种传说，说嫪毐是个市井无赖，被吕不韦发现，推荐给太后，入宫后被太后宠幸，势力迅速赶上吕不韦。

公元前 238 年，有人告发嫪毐是假太监，与太后私通，生有二子，并与太后密谋："王即薨，以子为后。"嬴政当时 21 岁，即将亲政，闻听密报大怒，立刻派人调查，情况果然属实，还发现嫪毐事件和相国吕不韦有牵连。

嫪毐在秦王周围安插了不少眼线，很快就得知自己被人告发了，心里十分恐慌。这几年，尤其是嫪毐封为长信侯以后，有权有势又有封地，他恣意享受着宫室车马华服苑囿，过着优裕的王侯生活，他怎么能突然失去这一切？想来想去，嫪毐决定先发制人，发动叛乱。

吕不韦也很快得到消息，秦王嬴政已经知道嫪毐是个假宦官了，嫪毐是他吕不韦推荐给太后的，嫪毐事发他是脱不了干系的。嫪毐仗着太后的宠信获得爵位、封地，并蓄养了上万家奴，嫪毐就是凭借自己的万名家奴谋反，那他吕不韦也难以成为清白之人，因为嫪毐讲过，扩充家奴是效法他吕不韦干的。

吕不韦还想到，嫪毐会利用自己封地的百姓谋反。嫪毐的封地是泾阳，那里有几万黔首。而可怕的是，那里正在修渠，闹不好，整个工地的黔首都会跟他造反。还有一层：嫪毐发动这么多的人，可以很轻易地弄到兵器。吕不韦最清楚，就在泾阳的兵器库中，有几万件现成的兵器。那是打造好后存在那里，为将来打六国准备的。

想到这些吕不韦的冷汗都冒出来了，他急忙进宫拜见秦王，请求协助处理嫪毐事件。秦王嬴政很冷静地说他要亲自处理这件事，让相国休息。吕不韦很吃惊，秦王的变化是他未曾料到的，过去朝政一直是他吕不韦处理的，是他一人说了算的，如今秦王不让他参与了，让他休息。

其实吕不韦想到的，秦王都已经想到了，为了防止嫪毐利用泾阳工地修渠的劳工造反，秦王早已传旨把劳工遣散了，也派人把泾阳兵器库中的兵器转移走了。

再说嫪毐这时也很快冷静下来了，他知道自己是先王封的文信侯，要抓他得有个能够公开的罪名，而假太监这个罪名不能公诸于世，故而他眼下还没有太大的危险。何况他这几年苦心经营，也有一定实力和秦王一拼高下。

可没想到的是，秦王已经派人到郑国渠工地传旨，工程暂停，民工回家秋收，至于何时返回工地复工，听候君命。

在宣布工程停工的同时，官家开始运走泾阳库中贮存的兵器。有关人员向嫪毐报告，说那里的兵器已经被运光了。

听到这两个消息，嫪毐顿时出了一身冷汗。工地上集中在一起的民工、贮存在泾阳库中的兵器，是他谋反的本钱，这回没指望了。

嫪毐思索着得把他那万名家丁武装起来，如果咸阳那边来人抓他，他不会束手就擒的。

经过一个多月的酝酿、准备，嫪毐立嬴闳为秦王，自立为相国，发起泾阳一带黔首十万之众，打起"讨假王、复正统"的大旗。他们广发讨伐假王嬴政的檄文，挥师向咸阳进发。趁着风和日丽，嬴政在雍城蕲年宫行加冠礼，窃用太后玺，调县卒、官卫、士卒、官骑攻击蕲年宫。

咸阳被震撼了，整个秦国被震撼了。

虽然当时秦王还很年轻，但已经表现出做事考虑周到、应变能力极强的特点了。对嫪毐的谋反，秦王是有防范的。秦王早已做出安排，派将军蒙骜率五万精兵驻扎在了纯化，并派将军王龁率五万精兵驻于咸阳西北。在嫪毐起事的当日，秦王发出檄文，声讨叛逆，讲明嫪毐"假王"云云，纯属谋反者惯用伎俩，号召黔首各守本位，秦王自有灭贼之策。檄文还讲，跟随嫪毐的黔首，大都不明真相，只要翻然悔悟，放下兵戈，既往不咎。

秦王下令："凡有战功的均拜爵厚赏，宦官参战的也拜爵一级。""生擒嫪毐者赐钱百万，杀死嫪毐者赐钱五十万。"

很快，进蕲年宫的数百叛军被杀死；进攻咸阳的嫪毐大军闯到咸阳以北二十里的时候，王翦率军杀来。同时，蒙骜大军也杀了过来，嫪毐率领的人马本是些乌合之众，哪里经得起身经百战的两位将军的夹击？嫪毐一看在疆场之上难以取胜，便收拾残兵，退向太后住的甘泉宫。蒙骜料定嫪毐最后必龟缩在甘泉宫，早在通向甘泉宫的路上埋伏了一支人马。嫪毐率残兵败将到时，伏兵杀出，嫪毐的军队又厮杀了一阵，最后剩下不足三千人。嫪毐退入甘泉宫，蒙骜按秦王旨意，带兵攻入宫内，经过两个时辰的拼杀，嫪毐的人差不多被杀光了，剩下的已经没有任何还手之力。没多久，嫪毐死党被一网打尽，嫪毐被生擒，太后和嫪毐生的两个儿子被装在袋子里，让人乱棍打死了。

营国巨商——吕不韦

公元前 238 年，秦王下令车裂嫪毐，灭其三族。嫪毐的死党二十余人被枭首，追随嫪毐的宾客舍人罪轻者为供役宗庙的取薪者——鬼薪；罪重者四千余人夺爵迁蜀，徙役三年。太后被逐出咸阳，迁往城外的械阳宫，与秦王断绝母子关系，永不再见，不可为国母，削减奉禄。并下令朝臣敢有为太后事进谏者，"戮而杀之，蒺藜其背"。结果，有二十七个进谏大臣被残酷地处死，他们的尸首被挂在城墙上示众。

九、秦王罢相

秦王政平了嫪毐之乱，回到咸阳。仲父吕不韦已经知道秦王不会放过他了，于是称病不敢上朝。

其实，秦王早就对吕不韦的专权很不满意了，他在看了李斯的《谏逐客书》之后，开始重用李斯，李斯就向秦王提到了他的同窗韩非及韩非的文章，秦王很感兴趣，命赵高亲自去李斯家取韩非的书简。

赵高把韩非的书一拿回宫，秦王就如饥似渴地读了起来。秦王首先抓到手上的，是《爱臣第四》。文章说："爱臣太亲，必危其身；人臣太贵，必易主位。"这样的话映入眼帘，给秦王的感觉，就像一个长久经受阴霾折磨的人一下子看到了晴朗的天空。秦王一连读了三天三夜，饿了就随便吃上几口，实在困了就趴在几上眯一会儿。韩非的文章对于秦王来说真是大旱逢甘霖啊。

秦王甚至能背诵韩非的文章，如："人主之所以身危国亡者，大臣太贵，左右太威也。所谓贵者，无法而擅行，操国柄而便私者也。所谓威者，擅权势而轻重者也……"

嬴政极度聪慧并有极强的洞察力和惊人的记忆力。进宫后，嬴政一直在观察着、吸收着，很快就适应了环境。随后，他的知识积累越来越丰富，渐渐明白了做王的含义。嬴政入宫之后目睹了两次王位的更迭，他静听着大家对逝者功过的评述，静观着新王的动作，这实际上是他的即位演习。这一切促成了一个事实：嬴政过早地成熟了。他以成年人的目光观察着世界，并试图像一个成年人那样处理问题。而对此，人们却浑然不觉。

看了韩非的文章，嬴政受益匪浅，让他动脑筋最多的正是"吕不韦问题"。当初，对吕不韦，嬴政有的感情仅仅是崇拜。听到的，看到的，感受到的，完全是吕不韦的睿智、英明、果敢和令人吃惊的办事效率。后来，嬴政的思想起了变化，他发现了吕不韦的不足。吕不韦处理事情往往过于简单，有时甚至显得很粗暴。受到粗暴对待的人慑于吕不韦的权势，会低下头。长此以往，朝廷便形成"一言堂"的局面。开始嬴政只是心里感到不舒服、不愉快，对吕不韦的行为产生反感，对那些趋炎附势之徒感到厌恶，也越发不能容忍了。他认为，之所以有"一言堂"，是因为相国权力太大、势力太强了，这种局面必须改变。

吕不韦成了一个多余的人，而且他判定，事态会更加复杂。吕不韦从赵高那里了解到，秦王如饥似渴地读韩非的文章，并决心效法韩非的主张。吕不韦想知道韩非到底提出了什么样的主张，便找来韩非的文章读。读后他发现，韩非总结了历史上历朝历代君王掌握权柄之得失，系统地提出了一套统治之术。韩非的主张很适合有大志的君王的口味，嬴政作为强盛秦国的年轻的王，接触到韩非，出现那样的精神状态，思想上发生那样的变化，就不足为奇。是吕不韦从嬴政幼小时就教育他做一个有作为的王的，让他不但要做秦国的王，还要做天下的王。现在，嬴政接受韩非的主张，所作所为无可指责，而且，平心而论，说嬴政深谋远虑、举措得当并不为过。像嫪毐之事，嬴政表现出来的沉着、冷静、胆略，统统是值得赞扬的。

吕不韦想明白了，嬴政成熟了，事态的演变使自己成了一个多余的人，眼下处理嫪毐之变是如此，往后将事事如此。除掉他这个相国，也可以说是韩非的主张，韩非讲，一个有作为的君主，不能允许权柄操在别人的手

里。一个大臣权力太重，会对国君构成威胁。君主必须有绝对的权威，他要想尽办法驾御群臣，只许大家服服帖帖地效力，不许任何人有半点僭越的行为。韩非列举前朝君权旁落的大量事实，无可辩驳地讲明了不允许重臣存在的道理。

想到这里，吕不韦联想到自己，位不可谓不尊，权不可谓不重，在嬴政眼里，他吕不韦是一个名副其实的重臣，因此必在铲除之列。这便是问题的要害。

吕不韦的时代结束了，秦王嬴政亲政的时代已经开始。

嫪毐的事必然要牵涉到吕不韦，秦王很快就查明，嫪毐是由吕不韦推荐入宫的，是个假宦官，和太后不清不白，还生了两个孩子。而吕不韦身为相国，让嫪毐进宫，属于严重的渎职行为。按照秦国的法律，有如此重大过失的大臣，必死无疑。可是嬴政却迟迟没作决定。

《史记·吕不韦列传》中说："王欲诛相国，为其奉先王功大，及宾客辩士为游说者众，王不忍致法。"意思是说，秦王内心很矛盾，本来想杀掉吕不韦，但考虑到他侍奉先王功劳极大，又有许多宾客辩士为他求情说好话，秦王不忍心将他绳之以法。这也证明他对吕不韦还是有感情的。应该怎么办呢？想来想去，秦王嬴政终于下了决心，"免除吕不韦相国职务"。吕不韦虽被免去相国之职，但仍为文信侯，食河南十万户租税。

这道让吕不韦回封地的王命，是在车裂嫪毐一年后才下达的，嫪毐叛乱是公元前238年爆发的，最终嫪毐被车裂，灭三族。而处理吕不韦是在公元前237年，这是为什么呢？

按照《史记》中所说，原因有三个：一是吕不韦辅佐先王有功。没有吕不韦的一掷千金，就没有异人的嗣子之位，就没有后来的秦庄襄王嬴子楚，当然也不会有秦王嬴政，更不会有雄视各国的强大的秦国。二是有很多人为吕不韦求情，吕不韦和嫪毐不同，吕不韦有真才实学，为强秦做出了卓越的贡献，他执政期间广纳人才，也重用有才能的人，所以朝中很多官员都是他的门客或朋友。为吕不韦说情的人很多，秦王也不得不考虑大臣们的意见。三是秦王本人也知道吕不韦为秦国做了很多贡献，吕不韦的错误和嫪毐的叛乱有本质上的不同，故"王不忍致法"。吕不韦逃过了一劫，官没了，封地还有，吕不韦仍然是富可敌国的万户侯。

营国巨商——吕不韦

十、相国之死

回到封地的吕不韦，开始时也是心情沮丧，闭门谢客，足不出户，可是没几个月就摆脱了坏心情，大开府门，广交宾客。这次大难不死，吕不韦并没有

吸取教训夹起尾巴做人。吕不韦在河南封地居住期间，各地诸侯国都派遣使臣前去问候，使者络绎不绝。战国时期也是人才流动较大的时期，各国都在争相聘请有才能的人，以吕不韦的雄才大略，在各诸侯国中早已尽人皆知，秦国不用他，别国自然抢着来请。所以河南的相国府门前整日车水马龙，连府邸周围做生意的小商贩都发财了。相国府内更是歌舞升平，高朋满座，日日饮酒，夜夜欢歌。吕不韦的居所富丽堂皇，与王宫的占地面积、建筑构造差不多，简直可以与秦王的宫殿相媲美。单凭这一点就够杀头之罪了。吕不韦实在是胆大包天啊。

不久，吕不韦在封地的这些事被秦王知道了，秦王很担心，"恐其为变"。因为吕不韦很有治国之才，这是经过实践检验的。秦国在吕不韦执政期间，国力大增，雄视列国就是最好的例证；再者吕不韦很有声望，各诸侯国的使者宾客相望于道，来请文信侯出山。

秦王绞尽脑汁想着怎样处理吕不韦，既不能让他再影响秦国的政事，又不能让他为别国所用。秦王终于想出了一个办法来羞辱吕不韦，秦王写信给吕不韦说："君与秦究有何功，得封国河南，食十万户？君与秦究属何亲，得号仲父？今可率领家属速徙蜀中，毋得逗留！"谁都知道这封信对吕不韦是不公平的，吕不韦不仅对秦国有大功，他对中国历史的贡献都是巨大的。

看了秦王的信，吕不韦泪眼模糊了，内心百感交集。他聪慧过人，知道以秦王嬴政的暴戾性情，即使他迁到蜀地，秦王也不会罢手的，接下来就该要他

的性命了。与其等死，不如自己死去，免得受苦，也死得有尊严，于是吕不韦饮鸩酒自杀了。吕不韦一生苦心经营，以美酒始，以鸩酒终。

吕不韦死后，他的门客将他窃葬在邙山，秦王知道后很生气，下诏凡吕不韦的门客一律流放，他不认为吕不韦的门客是秦国的人才，反而把他们当成自己的敌对势力。秦王不仅对吕不韦怀有戒心，对吕不韦的门客也同样怀有戒心。因为吕不韦在秦庄襄王时就是相国，在嬴政时又当了九年相国，集政权、军权于一身，前后加起来执政十二年，这十二年吕不韦政绩显赫，战功卓著，令诸侯闻之胆寒，同时吕不韦也培植了庞大的政治集团，秦王怎么能没戒心呢，怎么敢用吕不韦的门客呢？

也有人说吕不韦没死，他担心秦王不杀他心不安，于是诈死。吕不韦以另一副不为人知的面孔出现在秦宫，默默地守望着自己的儿子秦始皇和爱人赵姬，这个结局的编撰体现出了人们对吕不韦的深切同情。

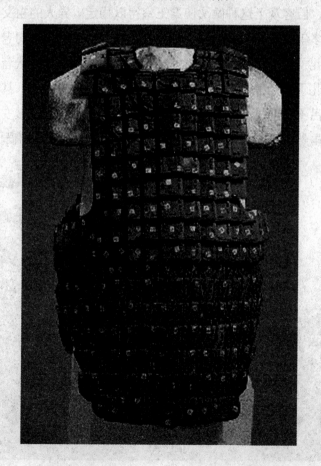

营国巨商——吕不韦

十一、功垂千古

在漫长的中国历史长河中，吕不韦论名气，比不上那些功名显赫的帝王，如秦始皇、汉武帝、唐太宗、康熙大帝等等；可能也比不上一代贤相管仲、诸葛亮等人。在人们心目中，吕不韦是一个有争议的人物，很难用一两句话就把他说清楚。但是，如果把吕不韦放到他生活的战国时代去考察，就会发现，吕不韦其实是一个很了不起的人，是对中国历史的发展有着卓越贡献的人。他的一生，有很多闪光点，当然也有过失。

吕不韦的功绩主要表现在：

第一，不惜散尽千金立异人为嫡嗣，虽然主观上吕不韦是为了个人的政治前途孤注一掷，但客观上这种做法使秦王室得以稳定。异人的祖父秦昭襄王是一个执政五十多年的老国王，他的父亲安国君是一个五十多岁的老太子，安国君有二十多个儿子，却迟迟没有确立嫡嗣，王室的这种状况潜伏着极大的不安定因素，一旦儿子们为争夺王位发生争斗，将会导致秦国内乱，甚至使秦国形势发生逆转。吕不韦通过游说秦国，打通关节，请华阳夫人说服安国君，确立异人为嫡嗣。虽然吕不韦此举有政治投机的目的，但立异人为嫡嗣客观上起到

中国古代著名商人与商业

了稳定秦王室的作用，秦昭襄王去世后王室没有发生内乱，加之吕不韦以相国职位辅佐异人，整顿朝政，发展经济，休养生息，富国强民，使秦国在秦昭襄王、安国君死后不断发展，维持了对东方六国的高压态势，加快了统一六国的步伐。从这个角度看，吕不韦对中国历史的发展是有贡献的。

第二，吕不韦执政时期，对外战争讲究策略，避免打硬仗、打恶战。一部战国史，自始至终战争不绝，一场大战伤亡的人数往往在数十万以上。公元前260年，秦赵长平之战，赵国战俘竟有四十万人被坑杀！此战是古往今来最惨烈的战争之一。当时吕不韦正在赵国的都城邯郸，目睹了战争给赵国造成的创伤。秦军是出了名的虎狼之师，不分兵、民，见人就杀。因此，吕不韦在秦国执政后，反对在战争中进行大规模的屠杀，他提出了兴"义兵"的思想，所谓"义兵"，就是"兵入于敌之境，则民知所庇矣，黔首知不死矣。至于都国之郊，不虐五谷，不掘坟墓，不伐树木，不烧积聚，不焚室屋，不取六畜，得民虏奉而题归之"。即不杀平民百姓，不掠夺百姓财产等。应该说，吕不韦的战争观是进步的，他在执政中尽量避免硬碰硬的战争，以减少损失，保护了平民的利益。公元前247年，东方五国联合抗秦，吕不韦设计破坏联军首领信陵君和魏王的关系，致使信陵君被撤职，联军遂告瓦解，避免了大规模杀伤有生力量。

第三，组织门客编著《吕氏春秋》，这是吕不韦执政期间的一件大事。在先秦诸子著作中，《吕氏春秋》被列为杂家，其实，这个"杂"不是杂乱无章，而是兼收并蓄，博采众家之长，"兼儒墨，合名法"，提倡在君主集权下实行无为而治，顺其自然。《吕氏春秋》吸取各家比较进步的思想。如对于儒家，主要吸取其民本思想、修齐治平思想；对于道家，主要吸收其清静无为的思想；对于墨家，主要吸收其薄葬的思想；对于法家，主要吸收其法治思想。

吕不韦在执政生涯中也存在一些过失：

一是他对权力的认识不够超脱，只知进不知退，没有做到有权而不恋权，到位而不越位。吕不韦的独断专权令秦王嬴政无法忍受，非要除掉他才安心，恋权的吕不韦最终被权力抛弃了。

二是他在处理和赵姬的关系时不够干净利落，在赵国邯郸时，吕不韦就已经把赵姬送给异人了，但仍与赵姬藕断丝连，以致一错再错，酿成大祸。当年他把赵姬送给了异人，异人称王，赵姬为王后，身为相国的吕不韦就应该彻底了结与赵姬的情缘，各得其所，相安无事。可他和赵姬仍有来往，赵姬对他也是恋恋不舍。尤其是异人死后，赵姬守寡，两人更加无所顾忌，内宫对于吕不韦来说就如自己家一样。这让日渐懂事的嬴政看在眼里，恨由心生。嬴政性格孤僻、暴躁，和他青少年时期受到的影响不无关系。相国和太后关系暧昧，在朝中、在民间都造成不良影响。精明的吕不韦后来也发现自己已经引火烧身，"恐觉祸及己"，主动和太后断绝来往，但是他又推荐了嫪毐，结果引狼入室，一错再错，招来灭顶之灾。

纵观吕不韦的一生，功过相比，还是功大于过，他在中国历史上起过重要的作用，开创了商人从政的先河，改变了中国历史的进程。

吕不韦死后，秦没有停下统一六国的脚步，秦王嬴政在李斯的辅佐下，实

行郡县制，统一行政；焚书坑儒，统一思想；制定法律，依法治国；此外还统一了车轨、度量衡，统一了文字，以小篆为标准文字，李斯的小篆被公认为"小篆书法之祖"。这时的秦国可以说是兵强马壮，只待战车踏平中原了。

公元前230年，秦灭韩；公元前228年，秦灭赵；公元前225年，秦灭魏；公元前223年，秦灭楚；公元前222年，秦灭燕；公元前221年，秦灭齐，当年秦王称帝，为始皇帝。秦统一六国，结束了中国长期分裂割据的局面，为统一的、多民族的、中央集权的封建国家的确立创造了非常有利的条件。秦的统一奠定了中国的版图，加强了汉族和少数民族之间的联系，开创了中国历史的一个新纪元，促进了中国社会的飞速发展。

秦能完成统一大业，吕不韦功不可没！

中国古代著名商人与商业

红顶商人——胡雪岩

胡雪岩（1823-1885 年），本名胡光墉，小名顺官，字雪岩。他是 19 世纪 80 年代著名的大商人。他出身贫寒，但胸怀大志，在杭州自创阜康钱庄；结识左宗棠后，为清廷效劳，贡献颇多，被朝廷加封红顶，赏穿黄马褂，成为煊赫一时的"红顶商人"。他在各省设立阜康银号，操纵江浙商业；他开办胡庆余堂国药号，有"北有同仁堂，南有庆余堂"的美誉。其传奇经历和经营智慧一直传为佳话。

一、白手起家

胡雪岩（1823—1885 年），本名胡光墉，字雪岩，小名顺官。他是 19 世纪 80 年代著名的大商人。他出身贫寒，但却胸怀大志。最初是钱庄的一名小伙计，后在杭州自创阜康钱庄。结识左宗棠后，心甘情愿为清廷效犬马之劳：为清军筹运饷械，协助左宗棠创办福州船政局、兰州织呢总局，为洋务运动做了积极努力。左宗棠调任陕甘总督后，胡雪岩主持上海采运局局务，为朝廷大借外债，筹供军饷和订购军火，为左宗棠西征的胜利贡献颇多。他也因此被朝廷加封红顶，赏穿黄马褂，成为煊赫一时的"红顶商人"。同时他依仗官势，在

各省设立阜康银号达二十余处，并经营中药、丝茶业务，操纵江浙商业，资金最高达两千万两以上。他开办胡庆余堂国药号，闻名大江南北，和北京同仁堂齐名，有"北有同仁堂，南有余庆堂"的美誉。虽然胡雪岩最终以破产而惨淡结束了自己辉煌的一生，但是"红顶商人"的传奇经历和经营智慧却一直传为佳话。

（一）学徒生涯

胡雪岩出生于 1823 年（道光三年），死于 1885 年（光绪十一年），终年 62 岁。他的出身其实很平凡，但却为其不平凡的一生打下了良好的基础。胡雪岩出生在山清水秀、环境优美的安徽绩溪胡里村。父亲胡鹿泉，字芝田，稍有文化。胡雪岩本名胡光墉，字雪岩，小名顺官，因从小就很乖巧懂事，父亲爱称他为顺儿、顺官。胡家家境不算富裕，但靠几亩田地和小本生意也能使生活无

忧。不幸的是在胡雪岩尚且年幼时父亲就去世了。胡鹿泉去世以后，家里只有少许的积蓄，孤儿寡母，无经济来源，很快坐吃山空，生活极其困窘，家道迅速衰落。到了胡雪岩读书的年龄，家里连入私塾的学费都没有。父亲的去世和家道的衰落让胡雪岩早早体会到了生活的艰辛，母亲的坚强和乐观又让他学会了不轻言放弃。1835 年，经人介绍，年仅 12 岁的胡雪岩抛下母亲和年幼的弟弟，背井离乡只身去杭州信和钱庄做了学徒。正是这里，成为了胡雪岩日后叱咤风云的起点。

杭州人称学徒为"学生子"，学生子的生活是很辛苦的，要从扫地倒便壶开始，但胡雪岩却做得心甘情愿。他起早贪黑，勤勤恳恳，总是将自己的工作做得十全十美。当时按钱庄惯例，学徒进门，练的第一件基本功就是学习数银票，一连数三十天不能出门，这被称为练"坐功"。在这期间如出差错，就再加练三十天。一旦再出错，那就会被辞退了。凭着聪明和勤奋，胡雪岩表现得最优秀，数得既快又准。在苦练基本功的同时，胡雪岩还培养了自己良好的人际关系。他总是以诚恳、友好的态度对待店里的其他伙计，无论谁有了急难之事，他总是尽己所能，甚至倾其所有去帮助。他的诚恳、勤快得到了东家和其他伙计的赞赏。学徒期满后，胡雪岩便成了信和钱庄的一名得力的小伙计。起先是"立

柜台"，后来又因为表现出色，获得东家和总管店务的"大伙"的信任，被提升为"跑街"，顾名思义，就是负责沿街递送账单及文件书札等工作。胡雪岩是个对工作很用心的人，在未成为跑街之前，他就认真观察、琢磨，已经将跑街的工作技巧基本了然于心，所以正式接手后，表现相当出色。半年之后，他被提升为"出店"，可以接洽生意、联络客户、放款和兜揽存款等。"出店"的地位仅次于"掌盘"，掌盘之上就是店主了。店主对胡雪岩的工作能力十分赏识，有意提拔他为掌盘，胡雪岩婉言谢绝。他之所以如此选择，主要是他心存大志，不甘平庸，着眼于未来发展。因为掌盘虽然薪水高，分红多，但整天坐守钱庄，反而与外界隔绝，倒不如在外面多加磨炼，广为交游，丰富经验。店主很佩服胡雪岩的远大抱负，提拔他为"二手"，也就是掌盘助理，仍然负责对外业务。当时的胡雪岩 24 岁。

胡雪岩凭借个人的才智和勤奋，赢得了老板的信任，也赢得了丰富的锻炼机会，为以后自己独立创办钱庄打下了良好的基础。首先，他的工作让他对钱庄的各种工作流程和技巧都很熟悉，积累了丰富的经验；其次，在与各色人物的交往中，他学会了一套识人本领，非常善于处理人际关系。正是以信和钱庄为奋斗的起点，胡雪岩开始了他波澜壮阔的商海生涯。

(二) 风险投资

王有龄在信和钱庄任职期间，胡雪岩作了一次大胆却很成功的"风险投资"：襄助捐班候补的王有龄。

王有龄本是福州人，出身于官宦之家，但到了父亲这一代屡试不中，于是花钱捐了一个候补道台，分配到浙江，王有龄也跟随父亲到了浙江。他父亲到杭州后并没有得到实惠的缺额，心情抑郁，又加上年老体弱，未到一年，就去世了。王有龄没钱送父亲回到故乡安葬，并且家乡也没有可依靠的亲友，他自己就在杭州滞留下来。王有龄的父亲在世时，曾为他捐了一个盐大使的官衔，但也未得到实缺。王有龄期望再捐个县令、道台之类的正经官衔，但苦于没有资本。胡雪岩与王有龄相遇的时候，正是王有龄为自己的未来陷入绝望的时候。在清朝，捐官一般有两种情况：一种是富而不贵的人，富有钱财，但苦于没有地位，嫌美中不足，花钱捐个功名以抬高身份；一种是官宦子弟，读书虽多，但总也考不中，而且家境又不富裕，拜托亲友，捐个官作为谋生之道。所谓捐官，开始一般只是捐个虚衔，取得某一类官员的资格，如果要想得到实在的职位，还须到吏部报到，称为"投供"补缺，然后再抽签分派到某省候补。此时的王有龄生计尚且难以维持，根本没有本钱进京投供。

胡雪岩一方面很同情王有龄的遭遇，另一方面他觉得王有龄是个人才，会成为一个有作为的官员，所以在两人的一次倾心交谈后，他决心资助王有龄。重要的是，此时胡雪岩手里真的有收账要回的五百两银子。这五百两银子的欠账本是钱庄的死账，即无法要回的账。钱庄本来已经认赔出账，但是胡雪岩人缘很好，对欠账人的态度也诚恳，而且又能言善道，所以这笔死账被胡雪岩顺利地讨回。他将五百两银子全部借给了王有龄，鼓励他重拾信心。王有龄感激不尽，迅速北上去投供，以取得官员实缺。胡雪岩私自做主将钱款转借给王有龄后，主动向总管店务的大伙和盘托出，并向老板出示了自己办理的借据。但是钱庄这一行最忌讳的就是私自挪用款项，更何况胡雪岩此时只是钱庄里的一个伙计。结果胡雪岩被老板辞退，而且，对于钱庄一行来说，坏了名声是不容于整个行业的。胡雪岩的生计愈发困难。一度流落到上海，后不得已又回到杭州入妓院做扫堂的伙计。

这时，太平天国的军队已经打下武昌、九江，直取金陵。王有龄北上，走到山东就碰到了他的总角之交何桂清。何桂清之父原本是王有龄家仆人的

儿子，因王有龄的父亲见何桂清人很聪明，就鼓励他与王有龄一起读书。后来两家各奔东西，断了音信。何桂清参加科举考试取得了功名，仕途得意，已经官至江苏学政。王有龄通过何桂清的帮助很快打通了关系，又恰好赶上何桂清的同门师兄黄宗汉时任浙江巡抚，何桂清就修书一封，交与王有龄，叫他去打点黄宗汉。于是王有龄顺顺当当地当上了浙江海运局的坐办。

王有龄是个知恩图报的人，他没忘记胡雪岩危难之中对他的救助，辗转找到胡雪岩，决定到信和钱庄为胡雪岩澄清事实。胡雪岩本着和气生财的原则，并没有为难信和钱庄的老板和伙计。钱庄的大伙过生日，胡雪岩准备了一个纯金的"寿"字，为大伙拜寿，并且将王有龄引见给大伙。当时大伙非常感动，他双目垂泪，拉着胡雪岩的手，拍着胸口保证：如果以后胡雪岩遇到难事，他一定会尽力帮助。在寿宴上，胡雪岩不断地给到来的老同事、新伙计、客户们发送各式各样的小礼物。这些老同事们都深深地感到，胡雪岩的确是个忠厚仁义的人，于是更加敬重他。自此后，胡雪岩在钱庄业的声誉大振，这为他日后自己创业，开阜康钱庄打下了良好的基础。

用慧眼识珠来称赞胡雪岩对王有龄的资助是很恰当的。胡雪岩的发迹，正是从资助王有龄开始的。没有胡雪岩的风险投资，王有龄在官场之中可能永无出头之日；但是没有王有龄的支持，胡雪岩也绝对不能成为赫赫有名的一代"红顶商人"。胡雪岩以其深远的目光做了一次极为成功的风险投资。

二、第一座靠山

（一）协运漕米

在王有龄的荫庇下，胡雪岩不再做钱庄的小伙计，而是自立门户，开始贩运粮食。他在官与商之间如鱼得水，游刃有余，自此他走上了从商的坦途，事业日渐发达。

胡雪岩凭借其精明的头脑，也为王有龄解决了不少疑难问题。有一次，浙江拖欠朝廷的漕米，如果按常规从浙江海运，那么无论如何也不能如期抵达。运送漕米本来是一项肥差，只是浙江的情况却很特殊。浙江上一年闹旱灾，钱粮无法如数征收。天旱少雨，河道水浅，不利于行船，直至九月漕米还没有起运。同时，黄宗汉曾借漕米问题狠整了与自己不和的负责运送漕米的前任藩司，导致前任藩司自杀身亡。王有龄做海运局坐办时，漕米由河运改海运，也就是由浙江运到上海，再由上海用沙船运往京城。现任藩司因有前任的前车之鉴，不想管漕运的事，便以改海运为由，将事情全部推给王有龄。漕米是上交朝廷的公粮，每年都必须按时足额运到京城，否则将遭重责，所以能否顺利完成这项公差，关系到王有龄的性命和前途。如果按照常规办，王有龄的这桩公事绝对无法完成。

然而这桩在王有龄看来几乎是无法解决的麻烦事被胡雪岩一个就地买米之计给解决了。胡雪岩认为，反正朝廷要的是米，不管哪里的都一样，只要能按时在上海将漕米交兑足额，就算完成任务。既然如此，可以就在上海买米交兑，这样顺利交差的同时，还省去了漕运的麻烦，问题也就解决了。

中国古代著名商人与商业

通过就地买米这件事情，我们能够看出胡雪岩遇事思路开阔、头脑灵活、不墨守成规、能随机应变的本事。比如黄宗汉、王有龄以及浙江藩司等人拘于漕米必须是由征收地直接上运的老做法，而没有想到应该具体情况具体分析，特殊情况下应该运用新的运作方式。

生意场上少不了如胡雪岩的思路开阔、不拘成法。胡雪岩说："八个坛子七个盖，盖来盖去不穿帮，就是会做生意。"说的就是做生意要不拘成法，灵活机动。

胡雪岩上海办漕米之行，收获很大。公事方面，替王有龄圆满地完成了代办漕粮的任务；私事方面，汇了两万两银子到黄宗汉名下，博得了黄宗汉的欢心，为日后谋取官职打下了基础。王有龄在胡雪岩的帮助下，顺利完成了运送漕米的任务，因而得到了上司的赏识。由于胡雪岩总是在王有龄危难之时帮助他，王有龄因此终生感激胡雪岩。王、胡的交情天下皆知。王有龄由于其自身确有才干，因此得以从一个穷书生，升至海运局主管，然后升为知府，后来又升为浙江巡抚，为朝廷的二品大员，坐镇一方。

（二）自创钱庄

倚仗官势，胡雪岩最先做的是粮食运输的买卖，然而粮食运输受季节变化的影响很大，如遇灾年，生意很难继续。能够创办自己的钱庄是胡雪岩的夙愿，他也曾经有多年的实践，积累了很丰富的经验。而且，对于胡雪岩来说，开钱庄的最大的好处就是能够通过王有龄代理道岸、县库的钱款往来。代理公家的银子是没有利息的，这等于白借本钱。胡雪岩决定先把钱庄门户立起来，他为自己的钱庄取名"阜康"。但是钱庄要开办起来，至少需要五万两银子，此时的胡雪岩在资金上还是有一定困难的。王有龄暂时帮助胡雪岩的只能是提供微弱的官

势，银钱方面则没有办法帮他。而且，王有龄此时还需要胡雪岩为他筹措海运局漕米解运等公事运作所需的经费。

胡雪岩仍然决定要把自己的钱庄开起来，他在资金问题上有很大的把握，因为他懂得如何借助官场的权势。1860年，在王有龄的大力扶持下，胡雪岩的阜康钱庄大张旗鼓地开张了。

胡雪岩解决资金问题的第一条渠道是借用信和钱庄垫支给浙江海运局支付漕米的二十万两银子。王有龄一上任就遇到了解运漕米的困难，要顺利完成这一桩公事，需要二十万两银子。胡雪岩与王有龄商议，建议让信和先垫支这二十万两，由自己去和信和磋商。向海运局贷款，这在信和自然也是求之不得的。一来王有龄回到杭州，为胡雪岩洗刷了名声，信和老板正准备巴结胡雪岩。二来信和也正希望与海运局接上关系。一方面是因为浙江海运局主管浙江漕米转运，是粮账公款使用的大户。乾隆年间，朝廷开始着手改漕运为海运。江浙漕粮改为海运，也就是将苏、松、太地区征收的漕粮交由海运局运往上海，然后由海道运转天津。浙江每年要向京城供应漕粮和专门用于二品以上官员俸禄以及宫廷使用的白粳、白糯近百万石，全由海运局承运。对于信和钱庄来说，能为海运局代理公款往来，自然必有大赚。另一方面，也是更重要的，海运局是

官方机构，能够代理海运局公款汇划，在上海的同行中必然会被刮目相看。声誉信用就是票号钱庄的资本，某一笔生意能不能赚钱倒在其次了。有这两条，向信和商议借款，自是一谈就成。本来海运局借支这二十万两只是短期应急，但胡雪岩要办成长期，他预备移花接木，借信和的本钱，开自己的钱庄。

胡雪岩利用官场助钱庄的第二个渠道，则是一个更加长远的计划，那就是借助王有龄在浙江官场逐渐加强的势力，代理公库。胡雪岩料定王有龄不久一定会外放州县。各级政府机构之间自然有钱税征收、灾害赈济等各种名目的公款往来，公款往来自然要有代理。胡雪岩未雨绸缪，要先一步将钱庄办起来，到时候他就可以顺理成章地代理王有龄所任州县的公库。按照惯例，道库、县库公款往来不必计付利息，而款入钱庄，只要不误解送期限，自然也就可由钱庄自由支配。州县公款往来自然绝不会是小数，大笔的款项汇划到账的时限之内周转那么一次两次，就可以赚来大笔的利润。这等于白借公家的银子开自己的钱庄。他把自己的钱庄先开起来，虽然现在还是一个空架子，但一旦王有龄外放州县，州县公库一定会由自己的钱庄来代理，那时公款源源而来，空的也就变成了实的。

就这样，胡雪岩先借王有龄的关系，从海运局公款中挪借了五千两银子，在与王有龄商量开钱庄事宜的第二天，就着手延揽人才，租买铺面，把自己的钱庄轰轰烈烈地开起来了。

开张那天，一批名扬苏杭、富甲江南的钱庄业巨头都前来贺喜，他们出手"堆花"的存款都有好几万，而那些散放在柜台上的贺钱，更是难以计数。其余贺喜的同行也络绎不绝。钱庄门前车水马龙，直引得行人驻足观望。为什么杭州城一个小小的钱庄小伙计开钱庄会这么风光呢？这全是靠胡雪岩机灵地在王有龄身上和钱庄大伙身上的投资所取得的成果。同行中都认为他是厚道、有信用之人。而且大家都知道，胡雪岩在官场有朋友，今后难免会托他办事。

历史上还有一种说法，胡雪岩是因为自作主张借钱给湘军发饷，被钱庄辞退。借钱的军官把他带

回营里，又辗转到浙江巡抚王有龄幕下。杭州城为太平军所破，王有龄战死，左宗棠受命巡抚江浙，胡雪岩也便转入左宗棠麾下。后来，一些军官发了战争财，便让胡雪岩出面创办钱庄。

不管哪一个说法正确，有一点是可以肯定的，那就是胡雪岩与军界关系密切。

（三）临危受托

1862 年（同治元年），太平军将领李秀成率军攻打杭州，将杭州城围了个水泄不通。李秀成兵围杭州不过四十天，城内就闹起了饥荒。先是胡雪岩开办了施粥厂，没多久，粥厂不得不关闭。但官米还在计口平卖，米卖完了卖豆子，豆子卖完了卖麦子。又不久，米麦杂粮都吃得光光，便吃药材南货，熟地、米仁、黄精，都可以代饭。再之后就是吃糠、吃皮箱、吃钉鞋、吃草根树皮。到了十一月，杭州城里就弹尽粮绝，出现了人吃人的惨剧。王有龄万般无奈，就派胡雪岩赶往上海买办粮食和军火。胡雪岩从小路逃离杭州城的时候，杭州城内已经是尸积道旁，兵士争夺心肝下酒，饥民争着分抢尸体充饥。

胡雪岩受王有龄重托，到上海办米。两千石米好弄，运米却只有海道可走。胡雪岩凭借和漕帮尤五的交情，求得了他的帮助。尤五原是和沙船帮势不两立的，现在不得不去和沙船帮讲好话，请他们派人帮忙运粮。胡雪岩还雇了英国人华尔的"洋枪队"护送。由于一路上有很多阻碍，直到1862 年 2 月，胡雪岩才将粮食辗转运到杭州。粮食到了杭州城下，却运不进去。太平军把杭州城围得严严实实，城内的王有龄见回天乏术，上吊自杀。王有龄自道："不负朝廷，只负了杭州城内数十万忠义士民！"随后杭州城被太平军攻破。

胡雪岩无奈，夜行昼伏，逆江而上，将粮食转赈宁波。当时，左宗棠正受朝廷之命到江浙平太平军，委以巡抚一职，亲率人马一直向东打来。

粮食转运到宁波时，宁波城也已经被太平军攻下。不过宁波有租界，在"中立区"避难的中国人，达七万之多，粮食供应也出现了危机，随船运到的这些粮食正好解了燃眉之急。接头联络的商人要胡雪岩给粮食开个价。胡雪岩却并没有要价，他没让对方付钱，但是要对方做出保证：将来以同样数量的粮食归还，哪一日杭州城收复，哪一日粮食就得起运，去接济那里的饥民。胡雪岩最终还是打算完成王有龄所托之事。

此时，杭州城内关于胡雪岩却是谣言四起，风传他以为遭太平军围困的杭州购米为名骗走公款滞留上海；说他手中有大笔王有龄生前给他营运的私财，如今死无对证，已遭吞没。甚至有人谋划向朝廷告他骗走浙江购米公款，误军需国食，导致杭州失守。这意味着胡雪岩不仅会被朝廷治罪，而且即使杭州被朝廷收复之后，他也无法再回杭州。胡雪岩立业的根基都在杭州，但面对此种危机，他却并没有慌乱。他预见了太平军失败已成定局，并且打算到那时亲自带着已采购的粮食登门去拜见左宗棠，澄清一切。

同治元年秋天，闽浙总督左宗棠率领他的几十万人马从安徽进入浙江。左宗棠稳扎稳打，一步一个脚印，终于肃清衢州的太平军。左宗棠一站稳脚跟，立即以衢州为大本营，进一步收复了龙游、兰溪、寿昌、淳安等地，然后继续北上攻克新安江、信安江两江交会的战略要地——严州，继而占领富阳，直逼省城杭州。

杭州城墙高而厚实，非常坚固。它是太平天国的东南要镇，战略地位非常重要，因此太平军派重兵把守。左宗棠带领数万大军将城池团团围住。他听取别人建议，制定"掘地炸墙"的作战方案。随着轰隆隆一声巨响，城墙被炸掉一大段。左宗棠领兵杀进杭州城。守城的太平军被迫弃城向杭州北面的湖州一带退却。

三、事业巅峰

（一）结交左宗棠

　　杭州城被攻陷的消息很快传到上海。胡雪岩听后喜形于色，立即收拾行李赶往杭州。

　　时值左宗棠督军余杭，全面负责南京以东战事。初到浙江，左宗棠就曾听人说过，杭州有一名商人，叫胡雪岩，家财万贯，富比王侯。左宗棠身为封疆大臣，战功显赫，因此就瞧不上以投机经营而发家的商人，加之又听说胡雪岩和巡抚王有龄的关系非同一般，但杭州城被围之时，胡雪岩竟然弃城而去，置"誓共生死"的誓言于不顾，就对之更加鄙夷。所以当胡雪岩去拜访他时，左宗棠对之根本是不屑一顾，见面时连凳子也没给一个，并准备上折子参革胡雪岩。

　　面对这样的荣辱沉浮，胡雪岩仍是处变不惊，坦然地将事情的来龙去脉告诉了左宗棠，说到王有龄以身殉国，自己却无力相救之处，不禁失声痛哭起来。左宗棠这才明白自己是误信了谣言，胡雪岩潜逃出杭州城并非是贪生怕死，而是为了千万浙江灾民。这时，左宗棠又获悉胡雪岩已经有一万石米运到军营，同时奉上的还有当年采购粮食所剩的两万两藩库银票。两万两银票对于每月军费开支十余万两的左军来说虽是杯水车薪，但毕竟能解燃眉之急。这使左宗棠怒气全消，因为此时左宗棠正忧心忡忡，杭州连年战争，饿死百姓无数，无人耕作，许多地方真是"白骨露于野，千里无鸡鸣"，自己带数万人马同太平军征战，粮饷已经成了难以解决的问题。胡雪岩此举无疑是雪中送炭。左宗棠大喜过望，并决定"凡善后诸事，悉以委之"，左宗棠入驻杭州之后，有很多事要处理，于是胡雪岩成了他处理善后事宜的得力帮手。

由于连年战争，国库早已空虚。两次鸦片战争的巨额赔偿犹如雪上加霜，使征战的清军军费自筹更为困难。胡雪岩为此想到了一个两全其美的办法：收缴太平军将士的钱财。现在太平军起义失败已成定局，很多人都要被治罪。可人数会很多，这样就会引起治安混乱。太平军的将士们一般都积累了些钱财，这些钱财他们无法带走，又不敢公开活动，害怕被逮捕杀头。所以胡雪岩认为最好的办法就是以左宗棠的名义发布通告，只要太平军士兵们主动自首，愿打愿罚各由其便，就可以给其出路，以后不予追究。

这个办法得到了左宗棠的赞成。一方面收缴了钱财，凑齐了军饷；另一方面又能笼络人心，维护了社会的安定。告示贴出后不多久，逃匿的太平军便纷纷到官府自首。清廷也很惊喜，胡雪岩的阜康钱庄借助这一机会，也得到了很多的利润。

通过这件事，左宗棠真正了解了胡雪岩的为人处事方式。再加之两人都对"只会做事，不会做官"有着强烈的共鸣，所以很快就结为知己，双方持续交往二十年。从此以后，胡雪岩成了左宗棠的得力助手。由于有了左宗棠这个大靠山，胡雪岩的生意也发展迅速。

（二）助筹粮饷

胡雪岩一向认为：无论为官还是经商，都要有一种社会责任感，既要为自己的利益着想，也要为天下的黎民着想。要急天下黎民之所急，才是义的本意。所以他在结识左宗棠之后，尽心尽力地帮助清廷办了很多大事。

1866 年，左宗棠调任陕甘总督，让胡雪岩主管上海采运

局。左宗棠所需军用物资，胡雪岩都尽力筹措，物资虽"转运艰险"，而"络绎转运无不应期而至"、"毫无缺误"，左宗棠"卒得其力"。上海采运局的业务范围很广，要同洋人打交道，因为第一是要筹借洋款。第二是购买各色最新的西式弹药和炮械。

此处不得不提胡雪岩替清廷向洋人借款之事。左宗棠的军队需要大量的军饷，但是清廷财政早已是入不敷出。唯一的办法就是向洋人贷款。1867 年 4 月，胡雪岩成功地从英国汇丰银行借款一百二十万两，这成为中国借外债的开始。1868 年，左宗棠粮饷再度告急，胡雪岩又向洋人借了一百万两，这是第二笔。

1872 年，左宗棠进到甘肃，粮饷更是困难；尤其是西北的冬天来得早去得迟，很多时候都是零下二十几度，左宗棠的部队缺少过冬的棉衣。8 月，胡雪岩捐制了两万件加厚棉衣运到左宗棠军队驻地。这年冬天，甘肃连降大雪，这些棉衣，无疑是雪中送炭！

1875 年，清廷又任命左宗棠为钦差大臣，督办新疆军务。胡雪岩继续承担购运西洋军火，筹借洋款的事务。12 月 12 日，左宗棠致信胡雪岩，要求迅速

中国 红顶商人——胡雪岩

供应来御敌，同时叫他帮助借洋债五百万两。第二年6月，胡雪岩从汇丰银行借到五百万两银子，解了左宗棠粮饷之困。据统计，胡雪岩前后替清廷借洋款达一千六百万两之多。

左宗棠历经十多年的时间，最终完成了平定陕甘、收复新疆的伟业，这是左宗棠一生最大的功业，胡雪岩在这其中所做的贡献也让后人永远铭记，他也因此走上了红顶商人的事业顶峰。

1878年（光绪四年）新疆平乱成功结束，左宗棠胜利回京。朝廷论功行赏，他上奏皇上，赞扬胡雪岩的功绩"实与前敌将领无殊"。左宗棠称道胡雪岩的功绩说："实有不可没者。"又就筹饷问题说："不能得于各省方面者，仅得之于雪岩，平心而论，设无此君，前敌诸公亦将何所措手。"这不仅是为胡宣扬，也是为替胡雪岩请功预作张本。

（三）协办洋务

胡雪岩除了为清军办后勤，对洋务事业也曾经做出过贡献。

1866年（同治五年），胡雪岩建议左宗棠在福州设立船政局，得到了左宗棠的赞同。左宗棠在给朝廷的奏折上说："欲防海之害而收共利，非整理水师不可；欲整理水师，非设局监造大轮船不可。"他同时提出造船的五年计划，预算三百万两。左宗棠的奏议获得清政府的批准。这年8月，左宗棠亲至福州购买马尾山下二百多亩农田作为厂址，由于厂址在马尾，所以福州船政局又叫马尾船政局。7月14日，清政府发布"上谕"调左宗棠担任陕甘总督，为了不使草创阶段的福州船政局半途而废，左宗棠向朝廷推荐了沈葆桢接任福建船政大臣。同时，他用"密奏"的形式保举了胡雪岩，恳请朝廷授给胡雪岩"布政使"的官衔，和沈葆桢共同筹建船政局。加了布政使衔，就可以改换顶戴。胡雪岩的原官衔是按察使，是正三品，戴的是亮蓝顶子，布政使是从二品，便可以戴红顶子了。捐班出身的官，一般很难戴到红顶子，商人更是不可能。

左宗棠赴任西北，船政局由沈葆桢和胡雪岩续办。左宗棠责令"凡局务及出入款项，责胡光墉一手经理"。胡雪岩出面与法国人德克碑、日意格谈判，达成《船政事宜十条》。留在福建的胡雪岩深知自己肩上的担子很重，自然不敢有所懈怠。他辅佐沈葆桢，承担了筹措工料、聘请匠师、雇工、开艺局（技术学校）等具体而又重要的事务性工作。在他的辛勤奔走和筹划下，船政局聘请了法国人日意格、德克碑为正副监督，向国外定购了机器、大铁船槽，引进法国工程技术人员，还设立了"求是堂艺局"，招十余岁的聪明少年，延聘洋师讲授外语、图书、算学，培养督造、管驾等方面的技能。随着转锯厂、大机器厂、水缸厂、木模厂、铸铁厂、钟表厂、铜厂以及储材厂的相继建成，1868年1月，福州船政局正式开工。1869年（同治八年），福州船政局建造的第一艘轮船"万年青"号下水成功，这是中国自己制造的第一艘轮船。到1874年，福州船政局共造出十五艘船，而且能够不用外国师匠的帮助，自行制造。

福州船政局比1867年（同治六年）李鸿章在上海办的江南造船所还早一年，是中国第一家新式造船企业，也是当时中国最大的船舶修造厂。虽然与外国相比，在造船技术上还存在很大的差距，但它具有开风气之先的意义。

 红顶商人——胡雪岩

在筹建福州船政局的同时，左宗棠还打算发展民用工业。在 1866 年 6 月 25 日的奏折中左宗棠指出："由此更添机器，触类旁通。凡制造枪炮炸弹，铸钱、治水，有适民生日用者，均可次第为之。"左宗棠在西北创办了与福州船政局齐名的甘肃织呢总局。1877 年冬天，左宗棠身边的机械化的总兵、掌握了近代科技知识的甘肃制造局委员赖长，把一段用自造的机器织成的呢片交给了左宗棠。左宗棠验看之后发现，这段呢片与从外国输入的洋绒相似，不但美观，而且结实。在赖长的建议下，左宗棠决定购置外国机器，正式兴办织呢厂。

1878 年左宗棠托付胡雪岩购置全套织呢、织布火机，运到兰州。胡雪岩在获得清廷批准后，按左宗棠的指示，托泰来洋行经理在德国购置机器和招聘技术人员。后来，由胡雪岩经手，向德方定购了全套小型的毛织机器，包括每架三百六十锭的纺机三架、织机二十架、洗毛机三架，其余有和毛、烘毛、刮毛、修毛、染色和磨光等多架机器，还配有二十四匹和三十匹的蒸汽发动机各一台。胡雪岩还雇请了德国技师去安装机器和传授技艺。

1879 年春，机器开始运往兰州。当时，大小机器加在一起有四千多箱。运输的行程非常曲折，首先是从德国运到上海，再从上海用轮船运到汉口。到了汉口后，要花费上千的人力和畜力将其抬上岸。之后再一批一批地运抵兰州。那个时候，我国的交通运输特别落后，去兰州的路途不但遥远，更重要的是山路崎岖，这给运送工作带来了很大的困难。直到 1880 年 5 月所有机器才最终运抵兰州，9 月 16 日，工厂正式开工，其时，只开一半织机，每天成布八匹，每匹长五十尺，宽五尺。甘肃织呢总局比李鸿章的上海机器织布局还要早，是我国第一个机器国货工厂，也是洋务运动中最早的一家官办轻工企业。

虽然甘肃织呢总局不到三年就被迫停止生产，但是作为我国第一个机织毛纺企业，它在落后的西北地区树立了学习西方先进技术、自强求富的榜样。

西北地区干旱少雨，粮食和蔬菜种植受限严重，百姓叫苦连天。左宗棠到了西北后，打算在此地大力兴建水利工程。西北地区的灌溉主要依靠的是泾河，但当地人对它的利用并不充分，只有三条水渠从泾河引水灌溉。左宗棠经过实地考察，最后决定在泾河上游引渠，节节做闸蓄水，以解决干旱问题。

1877年，西北大旱，左宗棠开始率众挖泾河。胡雪岩又接受了为左宗棠采买机器的任务。他从德国购买了一套开河用的机器，同时雇请了德国技师。1880年秋天，机器和技师到达泾河工地。挖掘过程中，发现还需要开石的机器。胡雪岩又再一次地去添购开石机。胡雪岩帮助左宗棠引进机器，在古朴荒凉的西北高原用西洋机器开河凿渠，是个很大的创举。

可以说对于西北边防的巩固，胡雪岩的功劳不比左宗棠麾下的大将逊色，在某种程度上，应是有过之而无不及的。左宗棠在称赞胡雪岩对船政局的贡献时说"阁下创议之功伟矣"。

（四）名利双收

光绪四年春天，左宗棠晋封为二等侯。胡雪岩的事业也随之达到了巅峰。左宗棠知道如果没有胡雪岩的筹饷和后勤支援，他不可能获得如此辉煌的成就。

因此这年的 4 月 14 日，左宗棠会同陕西巡抚谭钟麟，联衔出奏，请求朝廷破格奖赏胡雪岩，列举他的功劳达九款之多。前五款是历年各省水陆灾荒，胡雪岩奉母命捐银赈济的实绩，因而为胡雪岩的母亲胡老太太博得一个正一品的封典，使得胡雪岩在杭州城内元宝街的门宅得以大起门楼。浙江巡抚到胡家，亦需在大门外下轿，因为巡抚的品秩只是正二品。

后四款才是胡雪岩真正的功绩。一是胡雪岩在杭州开了规模宏大的药店，其声名可以同北京的同仁堂相媲美。历年左宗棠的部队日常所需的"诸葛行军散"、"避瘟丹"、"六神丸"之类的成药，主治跌打损伤的膏药、金疮药，以及军中所用药材，都由胡雪岩捐赠；其次是奉左宗棠之命，在上海设立采运局，采购转运毫无延误；再次是经手购买外国火器，物美价廉；最后一项最重要，即是为左宗棠筹饷，除了借洋债及商债，前后合计在一千六百万两之外，各省的协饷亦由胡雪岩一手经理。协饷未到，而前线不能发饷时，多由胡雪岩垫付。

这份能维持士气的功劳，左宗棠认为"实与前敌将领无殊"，所以他请求能"破格优赏穿黄马褂"，得到了皇帝的准许。胡雪岩是捐钱的道员，因为军功赏加布政使衔，从二品文官顶戴用珊瑚。乾隆年间的盐商有戴红顶子的，然而戴红顶子又穿黄马褂的，只有一个胡雪岩。

胡雪岩是个商人，在为朝廷尽力的同时，自然不会忘了从中渔利。

无论是经手借款还是采购军火，都有回扣。借款的回扣是 5% 上下，军火的回扣一般是总款的二成。而在采购上，价格方面还另有虚头，即虚报价格，有的时候，在实价上加的虚头，竟然占到实价的三分之一。这样，虽然仍叫做"采购"，实际是做变相的军火生意，而且是无本的买卖。胡雪岩在保证清军供给的同时，他自己的私囊也急剧地膨胀了起来。

胡雪岩的事业主要包括金融商业、生丝出口以及他创立的驰名国内外的药店——胡庆余堂。

胡雪岩1860年自开钱庄,他最早开设的阜康钱庄设在杭州,接着又在上海开设分店,名曰阜康雪记钱庄。不久,在北京、天津也设置了分号。还有其他店名的钱庄,如通泉等。除此之外,胡雪岩还设立了银号和典当铺。银号,又叫关银号,设在海关,代替官府缴纳进口税。在19世纪60、70年代全国开港通商口岸中,开设的二十一家关银号中,胡雪岩独资经营的就有六家,分别设立在厦门、福州、温州、宁波、上海、汉口六地,其中资金最雄厚的是上海的福康号和汉口的乾裕号。典当铺主要是以物品作抵押的高利借贷机构,其本质也属于金融业。胡雪岩开设的典当总计达二十六家,其中在江浙两省有二十三家,还有三家在两湖。钱庄、银号和典当合在一起,构成胡氏的金融网。这个网遍及苏、浙、闽各地以至两湖、京津。胡雪岩灵活地运用了这些钱财,赢得了所谓"大银行家""杰出的银行家"的美名。

生丝是我国传统出口的货种。鸦片战争后销量剧增,1845年的出口量是6400包,1848年竟然一跃到1.81万包,1852年达到4.13万包。短短八年的时间出口量增加了6.4倍。1870年我国丝的出口值高达二千一百余万两,而同年全国出口总值是六千三百万两。丝商多以此暴富。单计产地南浔一镇,以经营生丝而发家,积产在银百万两以上的就有四家,其中之一是庞家。面对如此丰厚的利润,大致从1870年前后起,胡雪岩与庞家的庞云缯合作,做起了生丝出口的生意。

胡雪岩倚仗官势,再加上他灵活的生意头脑,使所经营的商业都有蒸蒸日上的趋势。如他开钱店、银号、调拨协饷,一般的钱款往来都是数万、十万、数十万;他主持赈局,一面劝捐,一面放赈,使自己的店号可以得到双份的收

入。据史料:"时湘人存资,数逾(银)千万(两)。"大笔汇划、厚实储金,促使店号商誉日隆。当时"官商寄顿资财,动辄巨万"。如恭亲王奕䜣、刑部尚书协办大学士文煜两人,所存共达百余万,其中文煜

的确数为银五十六万两。就关银号说，经手税饷，照例有佣金可得，大致为1%。估计当时此项收益，每年约达库平银五十万两。此外，关税天天有收，税金上交则是定期的。利用其间时差，又可从中牟利。调拨协饷、汇解军饷，也相类似。除了该得的汇兑费用，在银两滞留时又可利用。他的钱店、银号生意越做越旺。生丝生意是宗赚大钱的买卖。他本人财大气粗，又找到有经营经验的帮手，更是如虎添翼。据记载：只几年，他"专营出口"，"几垄断国际市场"，给他带来滚滚利润。他独资创办的胡庆余堂生意也很红火，到1880年前后，已有资金达二百八十万两，其声誉和北京的同仁堂不相上下。

四、败业之途

（一）李左之争

所谓"成也萧何，败也萧何"。胡雪岩的生意之所以能遍及大江南北、兼及海外，并受皇帝赐封，穿黄马褂，实赖以左宗棠为首的官员的庇护，然而其失败却也是官场势力相互倾轧的结果。这里必须要交待一下李鸿章和左宗棠的矛盾。

自从湘军统帅曾国藩消灭太平军后，在清廷中的地位日益显要。曾国藩、左宗棠、李鸿章人人手握重权，在朝廷中具有举足轻重的影响力。

但曾国藩在平定太平军后，因担心自己功高主忌，于是悄然退隐，解散湘军。而此时李鸿章的淮军却逐渐势大，成了朝廷中的新焦点，左宗棠原为曾国藩的幕僚，后来脱颖而出，受到国人称道。俗话道：一山难容二虎。曾国藩在世之日，左宗棠、李鸿章还各自收敛，不敢放肆，曾国藩一死，李鸿章与左宗棠便开始分道扬镳，互相排挤对方。

两人争执的焦点在于国防政策。李鸿章认为当今之世，西方各国对中国虎视已久，于是主张建立强大的海防力量，对付列强进攻，于是大力建设北洋水师，一帮大臣也附和其海防主张，声称中国必要加强海军建设。而左宗棠认为中国的安危，在于稳定内陆，防备外国入侵，故提出陆防论，军机处也有一帮大臣附和他的

主张。

李鸿章也不与之计较，两人各行其是，在朝中拟建立水师衙门，交与李鸿章经办。李鸿章打算把海军基地选在上海，进而控制南洋海防，成为中国的海军王。李鸿章来到上海，召见上海官吏，筹划兴建衙门等事宜。盛宣怀是李鸿章最赏识的人物，他名为北洋大臣帮办，实则是李鸿章的"财政部长"，专事替他筹集资金。这次要在上海筹划兴建衙门的事宜，主要就是靠盛宣怀在全力张罗。不料，此时左宗棠和李鸿章的利益出现了冲突。

原来左宗棠在军机处待了一段时间后，也发觉中国海防空虚，虽然他极力主张陆防，但攸关国家安危，却也不得不要求加强海防。兼之李鸿章手握北洋水师，权势如日中天，令左宗棠耿耿于怀，他也想在海防上加强自己的势力，扩大影响，正在这时，朝廷又调任左宗棠为两江总督，署理东南半壁政务。于是他亲自到上海视察，从原湘军水师中招集人马，创办船政，制造新式军舰。南方海防在左宗棠领导下正如火如荼地开展着。

李鸿章无法容忍左宗棠从自己口中争夺利益，决心与之一战，他的目标是打垮左宗棠。李鸿章准备从左宗棠的羽翼开始下手，无疑，胡雪岩是左宗棠最得力的助手，左宗棠的每件大的功绩几乎都有胡雪岩的鼎力相助。自此，李鸿章开始派盛宣怀着力调查胡雪岩，准备寻找机会。

盛宣怀（1844年11月4日—1916年4月27日），出身官僚地主家庭。出生于江苏常州府武进县龙溪，逝世于上海，字杏荪，又字幼勖、荇生、杏生，号次沂，又号补楼、别署愚斋，晚年自号止叟。盛宣怀的父亲盛康是清朝的官员，与李鸿章有交情，1870年（同治九年）盛宣怀被李鸿章招入其幕府，受到李的赏识。他是清末的一位政治家、企业家和福利事业家、官僚买办。1879年，署天津河间兵备道。1884年，赴粤办理沙面事件；同年，署天津海关道。

1885 年，任招商局督办。1886 年，任山东登莱青兵备道道台兼东海关监督。次年，在烟台独资经营客货海运，航运范围不仅扩大到山东整个沿海，而且还开辟了烟台至旅顺的航线。1891 年春，在烟台设立胶东第一广仁堂慈善机构。次年，任直隶津海关道兼直隶津海关监督。1896 年，任铁路公司督办，接办汉阳铁厂、大冶铁矿，奏设南洋公学于上海。1902 年，任正二品工部左侍郎。他的一生曾创下了很多个"第一"：1872 年拟定中国第一个集商资商办的《轮船招商章程》；1880 年创建中国第一个电报局——天津电报局；1886 年创办中国第一个山东内河小火轮公司；19 世纪 70 年代在湖北"勘矿"；1896 年接办汉阳铁厂，逐渐发展为真正称得上的钢铁联合企业——汉冶萍煤铁厂矿公司；19 世纪 90 年代后期修筑中国第一条铁路干线卢汉铁路；1897 年建成中国第一家银行——中国通商银行；1895 年创办中国第一所正规大学——北洋大学堂；1897 年在南洋公学首开师范班，这是中国第一所正规高等师范学堂；1902 年创办中国勘矿总公司；1904 年在上海创办红十字会并于 1907 年被清政府任命为中国红十字会首任会长；1910 年办成私人的上海图书馆。

当时，盛宣怀不仅是李鸿章的幕僚，同时他还是一个很有名气的大商人，和胡雪岩是同行。所谓同行是冤家，即使没有李鸿章的授意，他也很想同胡雪岩斗一斗。所以历史上有"盛宣怀气死胡雪岩"的说法，我们虽不能完全相信这种说法，但能从中看出两人的关系。

（二）误国生丝

生丝本是我国传统的大宗出口物资，在国际市场上处于独占的地位。但从19世纪中叶开始，日本丝业逐渐崛起，意大利、法国生丝也逐渐与我国争夺市场，我国生丝出口量开始大量减少，并且为外商所垄断。生丝出口本是能谋取厚利的行业，此时的胡雪岩经营生丝出口的生意已经很多年了。他深切地感觉到形势和以前不同了，在上海的外商日益掌握丝价主动权，低价收购，我们本国的商人很吃亏，获利很少。于是，他集结一些中小商人，说服他们联合起来共同对付洋人，扭转华商的被动局面。胡雪岩和中小经营者们商量之后决定通过控制货源与外商较量，期望达到使外人不能操纵，丝农也有所收获的目的。应该肯定，他的志气是可贵的，他的做法是合理的，可惜在当时已经形成的国际生丝市场的形势，加上非其个人所能抗拒的其他因素，反而使自己遭到了巨大的打击。

前些年，在与洋人抗衡的过程中，胡雪岩曾经取得过胜利。这次胡雪岩打算凭借实力再与洋人斗争，以他的说法是"鸟争一口食，人争一口气"，他开始向洋人叫板。1881—1882年间胡雪岩开始大量收购、掌握生丝八千包。据统计，到了1882年，他已经囤积了1.5万包，这已经超过了当年上海生丝量的三分之二。1883年新丝将出，胡雪岩拿出巨资去生丝产地大量收购，想做到夷人欲买一斤而莫得。这样华商们就有了优势，就可以等待时机高价出售给洋商，以此夺回销售生丝的主动权，打击洋商们嚣张的气焰。

可是，这一年在上海出现了金融恐慌的征兆。加上中法战争爆发，法国兵船开入吴淞口，拦截检查进出港口的船只，造成人心惶惶，更加重了金融恐慌，生丝经营者的联合体开始分裂，很多人着急出售。与此同时，国际市场萧条，伦敦丝价趋跌。

洋商们在此情况下故意扬言

说他们今年停做生丝生意。丝价急剧下跌，并且有行无市。胡雪岩的生丝都是花高价收购的，他错走了这一步，却毁掉了整个基业。经过一段僵持，他最后想通过交情，以本钱的价格向洋商们出售生丝。此时，洋商们认钱不认人，他们猛压价格。如胡雪岩接受他们提出的超低价格，这笔买卖才能成交。生丝贮存久了，就会变质。胡雪岩被逼无奈，赔本出售了自己高价购进的生丝。据当日《申报》载：胡光墉牺牲血本拍卖，总共出售三次共1.5万包。据估算，这一次生丝买卖，胡雪岩就亏损达二百万两本银。而他在生丝生意上最终损失一千多万两银子。

胡雪岩本想通过自己的努力打败洋商，为华商争口气，为百姓谋些利，当然更想为自己赚取丰厚的利润。但是受国际政治经济形势的限制，"事未成而亏蚀甚巨"。这次生丝生意的失败对胡雪岩的商业网是个致命的打击，他所经营的钱庄、典当，相继因资金无法周转而停止营业。再加上李鸿章和左宗棠之间的政治斗争愈演愈烈，所以李鸿章授意自己的同党，散布胡氏经营不利的消息，煽动钱庄储户挤兑。在李鸿章等的打击控制下，胡雪岩赖以周转的大量官款被完全掐断。而胡雪岩的资金全部压在生丝上，一时又无法全部出手，储户的挤兑无疑是落井下石，他的事业走上了绝路。正当胡雪岩处在极度艰难的时刻，他替清廷向洋人贷款，从中收取回扣的事情败露，清廷调令地方官查抄他的产业，并令归还公款。曾经荣耀无比的"红顶商人"被就地免职。胡氏的商业大厦，顷刻之间全盘倒塌。

胡雪岩的败落有很多原因，他过分依靠官场势力，最终成为政治斗争的牺牲品。胡雪岩一生最大的靠山是左宗棠，左宗棠也是因为胡雪岩的有力支持，才顺利成就了一些大的功勋。左宗棠与李鸿章积怨非常深，势如水火。这种斗争必然会波及到胡雪岩的事业。同时，胡雪岩对国际经济形势和行情缺乏了解。他有很大一部分资金都是用来做生丝出口生意的，既然是出口，就必须对国际行情了如指掌。胡雪岩的观念一直停留在 19 世纪 80 年代以前。殊不知，国际生丝行情自 19 世纪 80 年代起已经发生了很大的改变，伦敦代替中国的上海成为价格的主导地。不能得到清廷的支持，单凭个人无法与大形势抗衡。胡雪岩以为自己可以左右蚕丝价格和市场，动用巨资囤积大量蚕丝，想托起丝价，关键时刻既得不到国内资金市场的支持，还受到官府的打击排挤，一场蚕丝价格大战，胡雪岩以惨败告终。胡雪岩巨富之后，挥霍无度、铺张浪费。他为人豪爽，办事讲求场面宏大，花钱都是大手笔。他营造精美豪华的住宅，聘请的设计师曾经为京师的一位王爷设计过豪华园林。胡雪岩本来有新建的住宅，但是不合心意，于是将其拆掉重建。这位设计师在西湖灵隐寺一带搜奇探胜，将图样交给胡雪岩。胡雪岩看后非常高兴，决定按照图样建造新居。最后建成锁春、洗秋、冷香等十六大院。据说院子中装饰的狮子，眼睛竟然是用黄金做的。光一座假山就花费了九万两银子。他居住的大厅小室，四壁都陈列着秦汉古董，每件可值千金。妻妾仆从前呼后拥。

　　总之，胡雪岩的失败，既是那个年代民族的悲剧，也是他个人的悲剧。

红顶商人——胡雪岩

五、江南药王

(一) 采办务真，修制务精

胡雪岩在其事业的全盛时期，创办了自己的药店，主要经营中医药。筹建工作于同治十三年（1874年）开始，光绪四年（1878年）春正式营业，店名为胡庆余堂。

胡雪岩创办药店并不是一时冲动，而是他认为在当时战乱和天灾的侵袭下，会有很多伤病和瘟疫，开办药店不但可以谋利，还可以治病救人，行善积德，可谓一举两得。

虽然胡雪岩是个商人，做任何事情都会有利润的考虑。但是他也始终没有忘记做生意的根本原则，那就是诚信。药品行业关系到人的生命，更是不能有半点马虎之心的。所以胡庆余堂刚创办的时候，胡雪岩就亲自立下了戒欺匾，挂在了店堂的里侧。全文内容如下：

凡百贸易均着不得欺字，药业关系性命，尤为万不可欺。余存心济世，誓不以劣品弋取厚利，惟愿诸君心余之心，采办务真，修制务精，不至欺予以欺世人，是则造福冥冥，谓诸君之善为余谋也可，谓诸君之善自为谋也亦可。

光绪四年四月雪记主人跋

戒欺匾上这段文字的意思是说：做任何买卖都不能有欺诈的行为，药品行业关系到人的性命，就更不能有欺骗，我创办药店是为了济世利民，发誓不会以劣质的药品去牟取暴利。希望大家能怀着和我同样的心思，采购药材一定要地道，加工成药务必要精细，不至于蒙骗我又蒙蔽世人，这样才是积阴德，可说大家是为我着想，也是大家自重自爱。

　　因此，戒欺匾上的"采办务真，修制务精"八个字就成了胡庆余堂办店的基本方针。

　　所谓"采办务真"就是采购的药材一定要上等地道。这是保证药品质量的前提。为此，胡雪岩可以说是费尽心力。在药材采购方面，在产地自设坐庄，选派得力里手认真收购。一般的药店都是通过药材行采办原材料，这样的中间周转难免会使质量滑坡。胡雪岩则在全国各地的药材产区自设药材庄，派行家里手亲自去收购药材，这样减少了周转环节，损耗少，价格便宜。最重要的是取得了上好的药材。同时，胡雪岩还为药农的利益着想，隔年放给他们贷款，以免他们资金周转不灵，这样做使药农们都很愿意将上好的药材卖给胡雪岩。在药材挑选方面，胡庆余堂也是加倍地精心。原料进来后，都要拣去杂质，胡雪岩的宗旨是宁缺毋滥，哪怕是麝香这样的贵重原料，药工们也仔细地把混在麝香粉里的细毛、血衣一一拣除，按斤两收购的原料在这样精挑细选下会有很多损耗，药的成本自然高涨，但却能够保证药效。在药材的储藏方面，胡雪岩花巨资建造了三个药材仓库和一个胶库，这些仓库保证了胡庆余堂能够长期储存药品。据说在胶厂贮藏的驴皮膏历时四年都不会变质。

　　胡庆余堂有许多这方面的事例。为了采购地道的药材，胡雪岩总是选择药材的最好产地。史料上曾记载，凡"采驴皮必去河北新集、山东濮县；采购山药、生地、牛膝、金银花，必去淮河流域；采购当归、党参、黄芪，必去秦陇；

采购麝香、贝母、川莲，必去云、贵、川；采购人参、虎骨、鹿茸，必去关外"。

胡庆余堂独家生产的"胡氏辟瘟丹"主治头晕胸闷和腹泻，这种药的制作共需要七十多味药材，要想保证绝佳的药效，就需要用顶真的原料。其中有一味药材叫石龙子，也叫四脚蛇，这本来是一种常见的爬虫，但是用到"胡氏辟瘟丹"里的石龙子却必须是在灵隐和天竺一带出没的铜石龙子。铜石龙子天性警觉异常，而且爬行速度非常快，不容易被抓获，为了保证辟瘟丹的质量，每到夏季，胡雪岩都会组织员工亲自上山按照要求捕捉。

大补全鹿丸，从其名字就可以发现此药的原料全都取自鹿的身上，非常珍贵。更特别的是所需之鹿必须是雄梅花鹿。为此，胡雪岩在药店不远处设了一个养鹿场，专门蓄养梅花鹿。宰杀的过程都是当众进行，让百姓知晓胡庆余堂的药材是顶真的。

所谓"修制务精"就是制作药品的过程一定要精细。胡庆余堂里面挂着这样一幅"修合虽无人见，诚心自有天知"的对联，用以对药工们起警示作用。因为中药行业有单方秘制的特点，制成药品后，一般人很难根据外观辨别真假好坏，所以有"药糊涂"的说法。胡雪岩在这方面却从不犯糊涂，在他的教导和以身作则之下，胡庆余堂的每个药工都以修制务精为工作准则。

《太平惠民和剂局方》上有一种药叫做紫雪丹，有镇惊通窍的作用。制作这个药的最后一道工序是煎熬，但不适合用铜铁锅。为了保证质量，胡雪岩不惜工本耗去白银约一千八百三十五克、黄金约一百三十三克，做成银锅金铲，用于专门制作紫雪丹。

大黄是药店的一种常用药，但我们并不知道其实入药时能够用到的仅是其根茎部分，胡庆余堂的药工们每次都是不厌其烦地仔细剥去大黄的表皮，然后小心地摘去根茎；苦杏仁尖是有毒的，药工更是不敢马虎，从来都是在除尖后才将它入药。栀子可用来制牛黄清心丸，药工们总要剥壳取仁；麦东必先去心；麻黄要去节；莲子要去芯；肉桂剥去皮；五倍子去掉毛。所有这些确保了胡庆余堂生产的中药在色、香、味和疗效上都有独到之处。

"采办务真，修制务精"使胡庆余堂货真价实的信誉有口皆碑。胡庆余堂推出了安宫牛黄丸、十全大补丸、人参再造丸、女科八宝丸、直指香莲丸、六神丸、全鹿丹、辟瘟丹、紫雪丹等一大批名牌产品，这些药品也为胡雪岩开辟了滚滚财源，树起了一块"雪记"金字招牌。胡庆余堂这块金字招牌，饮誉海内外，经久不衰。虽然多次更换主人，但雪记的招牌已经深入人心。

（二）顾客乃养生之源

在胡庆余堂有两块牌子非常引人注目，并且很有深意。一块对内挂的是胡雪岩亲自立下的戒欺匾额；一块是对外挂的"真不二价"，胡雪岩常说，顾客乃是养生之源，所以要真不二价，童叟无欺。

从这里我们可以发现胡雪岩以顾客为本，服务至上的经营理念，他首先从自身这样做起。胡雪岩作为赫赫有名的"红顶商人"：有钱，有权，就连朝廷的大员都要对其礼让三分。就是这样一个人，在胡庆余堂刚开业的一段时期内，竟然头戴花翎、胸挂朝珠、身穿官服，亲自在店内热情接待顾客。胡雪岩的为人，由此可见一斑。同时，他还注意加强对员工的训练和考核。进入胡庆余堂的伙计，首先要具有的就是热情、礼貌的态度：顾客进店门，店员要起立打招呼；

顾客提出的合理要求，必须满足；为顾客配药，不能漏掉任何一味。总之，就是要使顾客高兴而来，满意而归。

一次，有一个从湖州来的香客在胡庆余堂买了一盒胡氏辟瘟丹，打开看过之后，露出了不满意的神情。恰巧胡雪岩在一旁看到了，立即走到跟前亲自询问情况，并打开药品当场验视，他发现这盒药确实有欠缺之处后，非常诚恳地向顾客表示歉意，叫店员另换新药。恰巧这天辟瘟丹已经卖没了，于是胡雪岩和香客约定三日内来取药，但又考虑其远道而来，便留他住在胡庆余堂，负责食宿。三天过去了，胡雪岩如约把新配置成的辟瘟丹送到湖州香客手里。这位香客被胡雪岩的真诚深深感动了。此后，这位香客逢人便讲胡庆余堂服务周到、胡雪岩仁义待客之事，一时传为佳话。

还有一件被广为传诵的事情也是发生在胡庆余堂开办不久的时候。有一个因知道自己中举而兴奋过度引发癫狂病的新科举人来求医。这个人家里很贫穷，历经艰辛才考取了功名。很容易让我们联想到《范进中举》中范进的疯癫。治愈这种癫狂病需用的药叫做龙虎丸，但是胡庆余堂当时没有这种药。胡雪岩没有拒绝这位顾客，而是承诺在半月之内一定制出龙虎丸。当时的药物全要用人力手工来搅拌，制龙虎丸需要剧毒砒霜来做配料。如果搅拌不均匀，不但不能治病，反而会危及性命，没有一个药工愿意做这个风险活。但是十三天之后，龙虎丸却制成了，那位举人因服用此药，没几天就治愈了癫狂病。原来，他让药工将药粉均匀地摊在竹苇上之后，用木棒在上面反复写九百九十九遍"龙""虎"二字，写完之后，药粉自然就被搅拌均匀了。

还有很多事情能够体现胡庆余堂"顾客乃生命之源"的服务宗旨，例如：胡庆余堂内专门设有顾客休息的座椅；在暑热难耐的夏天，免费提供清凉解热的中草药汤和各种疹药；因为胡庆余堂地处吴山附近，是香客进香的必经之路。在农历初一、十五的时候，大批香客会赶庙烧香，涌进杭州城，这时候，胡庆余堂就会将药品降价出售；在冬天，气管炎、哮喘病发病的几率就会很高，所以时常会有人在半夜三更来就诊求药，值夜的药工一定会遵守胡庆余堂为急诊病人现熬鲜竹沥的规定，劈开新鲜的淡竹，在炭炉上用小火烘烤，待竹沥慢慢渗出，再用草纸滤过，当场让病人喝下。熬一剂竹沥一般要花两个小时，病人一多，所需时间就更长了，但药工们总是急人所难，不厌其烦地做好服务工作。

除了热情周到的服务态度外，胡雪岩还在胡庆余堂的建筑和布局上别出心裁，为登门的顾客营造了一个温馨、舒适的环境。

胡庆余堂坐落在杭州城隍山（吴山）的繁华地段，胡雪岩将药店地址选在这里是经过深思熟虑的。因为此处是香客上城隍山进香的必经之路，每逢上香的日期来到，就是胡庆余堂营业的旺季。我们列举其中部分布局来做说明。

胡庆余堂整个建筑外观结构像一只美丽的仙鹤停在吴山脚下，这喻指店铺的兴旺长久。房子的檐上有一排排花灯状的垂莲柱，正门坐西朝东，青砖角叠的门楼上镶嵌着三个闪耀着金光的大字"庆余堂"。走进门之后拐弯是一长廊。可以迎面看见一个八角石洞门，洞门上有突出的"高入云"三个字，两侧墙壁上有"白娘娘盗仙草"的美丽图案，还有三十多块特制的丸药牌，多数都是著

名传统中成药的名字，如胡氏辟瘟丹、外科六神丸、安宫牛黄丸、人参再造丸、小儿回春丸等，同时在牌上标明了各种药的具体功能和用法，为顾客提供了很大的方便。

经过石洞门，走到长廊的尽头是一处四角亭。亭子的四周檐上悬挂着幽雅的宫灯，梁柱上则画着中医始祖神农尝百草、白娘娘盗仙草、桐君老祖、白猿献寿图和李时珍、朱丹溪的故事，生动传神。这些饰画，增加了胡庆余堂的文化气息和艺术氛围，让来者都有一种美的享受。

走过长廊往右拐经过第二道门就到了胡庆余堂的营业厅。大厅两旁分立高大的红木柜台，左侧为配方、参茸柜，右边是成药柜，正中的和合柜台两侧有两副对联，其中一副是"庆云在霄甘露被野，余粮防禹本草师农"，横批是"真不二价"，另外一副是"益寿延年长生集庆，兼吸并蓄待用有余"，中间上方挂"庆余堂"横匾。两副对联不但笔法有力，更为巧妙的是对联的末尾把"庆"、"余"二字嵌入其中，暗指了药店的名字：胡庆余堂。据说，庆余堂三字出自南宋的大奸臣秦桧之手。秦桧虽然品德不好，却是一个大书法家，胡雪岩将秦桧"余庆堂"手迹颠倒为"庆余堂"来用，反面利用了秦桧的效应。

总之，胡庆余堂这种良好的文化氛围为顾客提供了一个流连忘返的购物环境。胡雪岩精心设计的这座清代富有江南园林特色的商业古建筑，至今已经有一百多年的历史，具有很深远的历史价值和较高的建筑艺术水平，现在已被列为国家文物保护单位。

当然，除此之外，胡雪岩的宣传手法也是匠心独运。他聘请江浙名医以宋代皇家药典《太平惠民和剂局方》为基础，收集整理各种古方、验方、秘方、应验有效的九散膏丹、胶汕酒露等四百三十二种，编印成《胡庆余堂雪记丸散全集》，分送各界。他还曾将研制成的胡氏辟瘟丹、诸葛行军散等成药，由穿号衣的伙计组成锣鼓队，在各水陆码头免费赠送，号衣上写着"胡庆余堂"几个大字，来宣传药效。

在胡雪岩诚信为本、顾客至上的经营策略和积极有效的宣传策略下，胡余庆堂成为了远近闻名的药厂，当时曾有"北有同仁堂，南有庆余堂"，"不负众望，江南药王"之说，能与同仁堂平分秋色。胡雪岩也因此享有"江南药王"的美称，可见胡庆余堂的信誉赢得了百姓的信任。

六、商贾奇男

（一）奇人奇事

胡雪岩是 19 世纪 70、80 年代中国著名的商界巨子，他的经历充满了传奇色彩，他自幼失去父亲，因为家贫，做了放牛娃。后来，经人推荐做了钱庄的一名小伙计。通过资助王有龄攀上了官场势力，并与他官商互利，创办了自己的钱庄。王有龄死后，结识了权贵显要左宗棠，纳粟助赈，为朝廷效犬马之劳。洋务运动中，他聘洋匠，购设备，很有功绩；左宗棠出关征战，他筹粮械，借洋款，功劳卓著。不懈的努力之后，他便由钱庄伙计一跃成为煊赫一时的红顶商人。他构筑了以钱庄、银号和当铺为依托的金融网，开办胡庆余堂和丝栈，既与洋人做生意也与洋人打商战。

胡雪岩一生，大起大落，是非功过褒贬不尽相同，这里只分析他的人道。胡雪岩的成功，很重要的一个原因就是他善于用人，以长取人，不求完人。他说一个人最大的本事，就是用人的本事。正如清人顾嗣协诗中所言：骏马能历

险，犁田不如牛。坚车能载重，渡河不如舟。舍长以取短，智高难为谋。生材贵适用，慎勿多苛求。

胡雪岩在整个商业活动中始终坚持"以人为本"的原则，在用人上很有些独到之处，也因此有很多小故事，值得我们品味。

胡雪岩懂得知人善任，使人尽其才。他认为：用人宜取人之长，不应求其全责，并不是长期起作用的人才算是人才，在关键时刻、关键场合能起关键作用的人更是难得的人才，应该千方百计得之、用之。如聘请了曾在官府谋事的何桂清负责联络官场事宜；启用曾任怡和洋行对华代理古应春负责与洋商打交道；驯化曾嗜赌如命但头脑灵活的刘不才专门应付达官阔少爷的纠缠。刘不才原名刘三才。他的祖上也是开药店的，因此积蓄了不少资财。但是，刘不才自幼就是一个纨绔子弟，尤其是嗜赌如命。药号到了他的手上，不到一年时间，就无法经营下去了，只好以三千两银子盘给人家。这三千两银子又在不到一年的时间里，被他花光了。刘不才只得以到当铺典当家具器物来维持生活。最后家里的东西全被当光了，无物可当，他又开始四处借贷。因无力偿还，最后借贷也没有门子了。因而落了个"刘不才"的绰号。在大家眼中，他就是个不折不扣的败家子。但是，胡雪岩却从另外的角度看到这个人的长处：虽然嗜赌如命，却从来没有把手上的祖传秘方压在赌桌上，说明他还有振兴家业的念头；虽然吃喝嫖赌样样都来，却从不抽大烟，这说明他还没有堕落到不克自拔、自戕自害的地步。这两点让胡雪岩觉得这个刘不才并不是无药可救，而且他能玩、会玩，正是用来和达官阔少们来往应酬的上佳人选。于是，他将刘不才招到了自己的门下。经过胡雪岩的调教，刘不才成了他的得力助手。

叶种德堂有个切药工，业务功夫过硬，人称"石板刨"，但因脾气火暴而得罪人，在叶种德堂呆不下去了。经人介绍，石板刨来到胡庆余堂。胡雪岩不但没因他有牛脾气而另眼相看，反

而按能定赏，给他高工资，还提拔他当了大料房的头儿。

以情感人也是胡雪岩的用人之道。胡雪岩虽然是商人，但是他懂得有些事情是用金钱办不到的。他曾经说过："要得到真正的杰出之士，只凭钱是不能成事的，关键在于'情'、'义'二字，要用情来打动他们。"他正是用这样的方法，为王有龄招揽到了稽鹤龄这名得力的助手。

胡雪岩的官场知己王有龄正当仕途得意之际，新城民众聚众闹事，抚台大人立即命令王有龄带兵前去剿办。然而新城民风强悍，吃软不吃硬，如果带了兵去，极有可能激起民变。有个叫稽鹤龄的幕士献计主张"先抚后剿"，主意很不错，但他恃才傲物，不愿意替别人去办这次可能会送命的差事。胡雪岩决定亲自出面帮助好友解决这个难题。他打听到稽鹤龄的妻子刚死不久，于是找到稽鹤龄的家，一到家中便在其亡妻的灵前祭拜并好言安慰稽鹤龄。这深深地打动了稽鹤龄。胡雪岩还知道稽鹤龄一直没有得到过实缺，生活很窘迫，靠典当度日。他知道稽鹤龄很清高，极要面子，绝不会无故接受自己馈赠。于是，胡雪岩就用了自己的名号，为稽鹤龄赎回了典当的物品，并且一再声明，赎款只是借给稽鹤龄的，以后稽鹤龄有钱再归还。这样，他在保住稽鹤龄面子的同时，还帮稽鹤龄解决了困难。不仅如此，胡雪岩还亲自做媒，将王有龄大人身边的贴身丫环许配给了稽鹤龄。胡雪岩的做法果然起到很好的效果，稽鹤龄发

誓效出全力，并亲赴新城，协同地方绅士，妥善处理了抗粮事件，避免了事态的进一步恶化，终于大功告成。

胡雪岩还是个懂得宽容的人，愿意给人改过的机会。有一次，胡庆余堂有个采购人员很不小心把豹骨当做虎骨购进，而且数量很多。进货阿大认为这个采购人员平日做事很牢靠，货到之后没有仔细查验就把豹骨放入仓库备用。有个新提拔的副档手知道了这件事，以为是晋升的好机会来了，就直接找到胡雪岩打小报告。胡雪岩立即到药库查看了这批药材，发现错误后，命药工将豹骨全部销毁。眼看由于自己工作失误带来巨大的经济损失，进货阿大羞愧地递了辞呈。不料，胡雪岩却温言相劝，说："忙中出错，在所难免，以后小心就是了。"但对那位自以为举报有一功、等着晋升奖赏的副档手，胡雪岩却发了一张辞呈。因为，在胡雪岩看来，身为副档手，发现假药不及时向进货阿大汇报，已是失职，在背后打小报告更是心术不正，继续使用此类人，定会造成上下隔阂。善任厚待、宽严相济的用人方针，使胡雪岩拥有一批尽心尽力的管理人才。

胡雪岩能够牢记"饶人一条路，伤人一堵墙"的道理，宽大为怀，容人之过。他在处理朱福年吃里爬外的问题时，就办得极为艺术、漂亮。朱福年做事不地道，不仅在胡雪岩与庞二联手销洋庄的事情上作梗，还拿了东家庞二的银子做小货，庞二自然非常恼怒。庞二主张一定要彻底查清朱福年的问题，狠狠地整他一下，然后让他走人。但胡雪岩觉得这样处理不妥。胡雪岩说："'火烧藤甲兵'不足为奇，要烧得他服帖，死心塌地替你卖力，才算本事。"要像诸葛亮"七擒孟获"那样，使人心服口服。胡雪岩的做法是：先通过关系，摸清了朱福年自开户头、将丝行的资金划拨做小货的底细，然后再到丝行看账，在账目上点出朱福年的漏洞。然而他也只是点到为止，不点破朱福年做小货的真相，也不深究，让朱福年感到自己似乎已经被抓到了把柄但又不明实情。同时，他还给出时间，让朱福年检点账目，弥补过失，等于有意放他一条生路。最后，则明确告诉朱福年，只要努力，他仍然会得到重用。这几下子，终于使朱福年彻底服帖、感激不尽了。

"重赏之下，必有勇夫"，这是中国的一句古话。胡雪岩变通地把它运用到了自己的用人之道上。胡雪岩很注意运用物质利益来激发手下人的工作热情。胡雪岩主要采用两个办法：一是分红利；二是入股合伙。对于没有资本的伙计，采取根据经营好坏来决定年底分红的方式，对有本钱者采取入股合伙的方式，这样使大家都能得到好处，主要的是把各自的得失与老板胡雪岩的得失联系到了一起，这样员工的积极性必然提高。对有功劳的人，特别设"功劳股"，这是从赢利中抽出的一份特别红利，专门奖给对胡庆余堂有贡献的人。功劳股是永久性的，一直可以拿到本人去世。有一次，胡庆余堂对面的一排商店失火，火势迅速蔓延，眼看就要扑向胡庆余堂门前的两块金字招牌。孙永康毫不犹豫地用一桶冷水将全身淋湿，迅速冲进火场，抢出招牌，头发、眉毛都让火烧掉了。胡雪岩闻讯，立即当众宣布给孙永康一份"功劳股"。胡雪岩也从不以自己生意的赚赔来决定给手下人报酬的多少，即使赔了，他该付出的也绝对不会少一分钱。胡雪岩在对人的问题上，从来不心疼钱财。比如胡庆余堂设有"阳俸"和"阴俸"。"阳俸"，就像我们现在所说的退休金。胡庆余堂上自阿大、档手，下到采买、药工以及站柜台的伙计，只要不是中途辞职或者被辞退，年老体弱无

法继续工作之后，仍由胡庆余堂发放原薪，直到去世。"阴俸"，则是对那些为胡庆余堂立过汗马功劳的雇员来说的，他们去世以后会按时给他们的家属发放抚恤金。

（二）奇人妙语

事缓则圆，不必急在一时。

找到能帮自己挣钱的人。

越是本事大的人，越要人照应。

生意归生意，感情归感情。

人用得不好，受害的是自己。

做事容易做人难，要做生意先做人。

前半夜想想自己，后半夜想想别人。

做生意，把握时事大局是头等大事。

人在屋檐下，"一定要低头"。

自己努力远不如有人提携。

未雨绸缪，要为自己预留退路。

平时多烧香，急时有人帮。

饶人一条路，伤人一堵墙。

先赚名气后赚钱。

勇于决断，敢舔刀头上的血。

用钱生钱，钱眼里能翻跟斗。

从变化中找出机会来，才是一等一的好本事。

把好处留给别人，最终也会给自己带来好处。

水涨船高，人抬人高，权重如山，财流如水。

用人之道，不拘一格，能因时因地制宜，就是用人的诀窍。

八个坛子七个盖，盖来盖去不穿帮，就是会做生意。

事情来了，急也没有用，顶要紧的是自己不乱。

什么事都要讲机会。明明一定办到的事，阴错阳差，叫你不能如愿。

办大事最要紧的是拿主意。主意一拿定，要说出个道理来并不难。

一个人不能光靠运气，运气一时，总要自己上进。

人要识潮流，不识潮流，落在人家后面，等你想到要赶上去，已经来不及。

诚则灵。种瓜得瓜，种豆得豆，因果不可不信。

做人总要讲宗旨，更要讲信用，说一句算一句。

我不爱在人背后传话。无端生出是非，与人有损，与己无益，何苦来哉！

"不招人妒是庸才"，可以不招妒而自己做得招妒，那就太傻了。

凡事总要个退步。即使出了事，也能够在台面上说得过去。

我想，人生在世，实在奇妙难测。我敢说，没有一个人，今天能晓得明天的事。

舍不得今天花小钱，终究有一天被迫花大钱。

我是一双空手起来的，到头来仍旧一双空手，不输啥！不但不输，吃过、用过、阔过，都是赚头。只要我不死，你看我照样一双空手再翻起来。

一个人最大的本事是能用人，用人首先要识人，眼光、手腕两俱到家，才智之士，乐于为己所用，此人的成就便不得了了。

店规不是死板的。有些事不能通融，有些事要改良。世界日日在变……做生意贵乎随机应变。

"用兵之妙，存乎一心！"做生意跟带兵打仗的道理差不多的，只有看人行事，随机应变之外，还要从变化中找出机会来，那才是一等一的本事。

做生意怎么样的精明，十三档算盘，盘进盘出，丝毫不漏，这算不得什么！顶要紧的是眼光，生意做得越大，眼光越要放远，做小生意的，比如说，今年天气热得早，看样子这个夏天会很长，早早多买进些蒲扇摆在那里，这也是眼光。做大生意的眼光，一定要看大局，你的眼光看得到一省，就能做一省的生意；看得到天下，就能做天下的生意；看得到外国，就能做外国的生意。

我们做生意一定要做得活络，移东补西不穿帮，就是本事。你要晓得，所谓"调度"，"调"就是调动，"度"就是预算，预算什么时候款子进来，预先拿它调动一下，这样做生意，就比人家走在前面了。

做生意第一要市面平静，平静才会兴旺，我们做事，就是求市面平静。"饥寒起盗心"，吃亏的还是有钱人，所以做生意赚了钱要做好事。

有句成语，叫做"与其待时，不如乘势"，许多人看起来难办的大事，居然顺利地办成了，就因为懂得乘势的缘故。

做小生意迁就局限，做大生意先要帮公家把局势扭转过来。大局好转，我们的生意就自然有办法。

自己做生意，都与时局有关，太平盛世，反倒不见得会这样子顺利。由此再往深处去想，自己生在太平盛世，应变的才具无从显现，也许就会庸庸碌碌地过一生，与草木同腐而已。

不要自恃脑筋快，手腕活，毫无顾忌地把场面拉开来。一个人的精力到底有限，有个顾不到，就会出漏洞，而漏洞会很快地越扯越大，等到发觉，往往已不可收拾。

把戏人人会变，只是巧妙不同。巧妙就在于如何不拆穿"把戏"上面。戏法总是假的，偶尔一两套可以，变多了就不值钱了。值钱的还是真东西拿出来。

世上随便什么事，都有两面，这一面占了便宜，那一面就要吃亏。做生意更是如此，买卖双方，一进一出，天生是敌对的，有时候买进占便宜，有时候卖出占便宜，会做生意的人，就是要两面占它的便宜，涨到差不多了，卖出；跌到差不多了，买进，这就是两面占便宜。

有本事也还要有骨气。"恃才傲物"四个字，里面有好多学问，傲是他所看不起的人，如果明明比他高明不肯承认，眼睛长在额角上，目空一切，这样的人不是"傲"，是"狂"，不但不值得佩服，而且还要替他担心，因为狂下去就要疯了。

担心有什么意外？凡事物极必反，乐极生悲？我是不太相信这一套的。有什么意外，都因为自己脑筋不够用的缘故。

有时候道理不通，大家习焉不察，也就过去了，而看来不可思议之事，细想一想竟是道理极通，无可驳诘。所以只要心定神闲，想得广、想得透，蹈暇乘隙，避重就轻，大事化小，小事化无，亦并不难。

我也相信看相算命，不过只相信一半，一半天意，一半人事，而人定可以胜天。为人总要通情达理。三纲五常，总也要合道理，才有用处。我最讨厌那些伪道学，或者不明事理的说法，什么"君要臣死，臣不得不死，父要子亡，子不得不亡"。你倒想想看，忠臣死了，哪个替皇帝办事？儿子死了，这一家断宗绝代，孝心又在哪里？

官商大鳄——桑弘羊

　　桑弘羊是我国历史上杰出的政治家、思想家和著名的理财家。他出身于洛阳一个商人家庭，13岁时就受汉武帝赏识，提拔为侍中，后做到大司农。他先后协助汉武帝处理政务几十年，从财政经济等具体措施和理论上支持并捍卫了汉武帝的政治主张。汉武帝时桑弘羊是参与改革政策制定、执行和实施的重要人物之一。汉昭帝时他做了八年的御史大夫，是一位杰出的理财专家。

149

一、少年时代

桑弘羊是我国历史上杰出的政治家、思想家和著名的理财家。他出身于洛阳一个商人家庭，先后协助汉武帝处理政务几十年，从财政经济等具体措施和理论上支持并捍卫了汉武帝的政治主张。他在 13 岁时就受汉武帝赏识，提拔为侍中，后做到大司农。汉武帝连年对外用兵，又加上他本人纵游幸、营宫室、挥霍无度，以致府库空虚、入不敷出。为了摆脱财政困境，桑弘羊对经济政策进行改革，主要措施有增加赋税，改革币制，盐、酒、铁官营，均输平准，算缗告缗等，而桑弘羊是参与这些改革政策制定、执行和实施的重要人物之一。汉昭帝时他做了八年的御史大夫，是一位杰出的理财专家。

（一）富冠之地商人之子

洛阳是一座历史悠久的文化和政治古城。自从周公将其作为东征的根据地之后，洛阳就成了周朝统治天下的军事和政治的中心。周平王东迁后，洛阳的地位也由陪都一跃而成为正式的都城，因而其地位也愈加显得重要起来。秦始皇统一中国后，洛阳也成为秦的领地，洛阳城市的范围也进一步扩大了，成为吕不韦的食邑。所谓食邑，是中国古代诸侯赏赐所属卿、大夫作为世禄的田邑。古代讲究"受民受疆土"，就是说在封赐土地时，连同土地上的劳动者也一起分封。洛阳不仅是军事政治重镇，同时也是自战国时起就形成的一个商业大市。周公征服殷人后把俘虏的殷人以"顽民"的称号安置在洛阳。周书里的《洛诰》一篇，就是周公对这些顽民的称呼。这些"顽民"是被排斥在政治活动之外的，但是他们总要生存，因而这些人多数都会经商。久而久之，到了战国时期，经商便成为洛阳人的重要职业。中国民间有句话叫做"官商一家"，官商如何成为一家人呢？这乍听起来是不可思议的。在战国时期，一些人经商致富后，就参与了政治活动，逐步步入了朝堂之上。如苏秦、白圭、贾谊等政治家和商人，都是洛阳人。洛阳是当时全国最富裕的地方，经商重财的风气使人们都想经商赚钱继而再进一步谋取其他利益。

桑弘羊就出生在这个富冠之地的一个工商奴隶主家庭。

由于司马迁和班固都没有为桑弘羊立传，所以我们无法知道桑弘羊的详细家世。只知道他出生在洛阳商贾家庭，并且在尚未成年的时候就已荣升为天子的侍从之臣。

由于深受地域和家庭风气的影响和熏陶，桑弘羊从小就对商业经营产生了兴趣，特别是对古代著名的商人白圭、子贡等也十分推崇。但他却没有继承父业去经商。桑弘羊十分善于心算，这也是他少年得名的原由所在。在大多数人用算筹的时代，一个13岁的少年已经擅长心算，这虽然与他出身商人世家有关，但也有天赋在其中。鉴于此，桑弘羊13岁便被选为侍中，进入长安宫廷，长期跟随在汉武帝左右。

侍中是在原有官职上进行加官以后的职官，上至列侯、将军，下至太医、郎中，都可以加官为侍中。当了侍中，就可以经常出入禁宫，接近皇帝。在汉代，一般以丞相为首的官僚系统负责处理国家事务，但其中的官员却不可以随

官商大鳄——桑弘羊

便进入宫廷面见皇上。而当了侍中就可以伴随在皇帝左右，因而很受大家重视，成为升官的一个重要途径。但被加官为侍中的，一般都是贵族子弟和著名的儒生，其余的人很难做到。那么，当年仅有 13 岁的桑弘羊，既非贵家子弟，也非名儒，他怎么能当上侍中呢？大多数学者认为桑弘羊是通过赀（訾）选为郎的。也就是说，是通过买官的手段进宫，然后借助心算的本领被加官为侍中的。但也有人认为：很可能少年时期的汉武帝听说了桑弘羊心算的技能，于是召他入宫伴读。加以侍中的虚衔，是为了方便他出入皇宫。西汉时期，为官入仕的途径一般有以下几种：一种是由官员举荐。而举荐也只有像郡太守、诸侯王这样俸禄二千石以上的官吏，才能有举荐的权利，而借此机会，他们当然会推荐自己的子弟，因此，桑弘羊不会有这种机会；另一种是拿钱买官，也就是"入粟补官"，桑弘羊作为商人的儿子，其家庭有能力这样做，他大概就是走的这条路，在他 13 岁的时候，他家就为其花钱买了个侍中。买官这种现象在汉武帝时很常见。被加官为侍中的，往往是一些有才干的青年，如卫青、霍去病、霍光、桑弘羊这些以后的文武大臣，都曾当过武帝的侍中。汉武帝的这些侍中，并不仅仅是帮助他做点身边的琐事，也与他商量一些军国大事，遇到大臣与他的意见不合时，还常常让他们出面与大臣们进行辩论。如元朔三年（前 126 年），汉武帝为了抗击匈奴的侵扰，决定在河套筑朔方城，御史大夫公孙弘多次上书反对，汉武帝就让侍中朱买臣等人与公孙弘辩论，说服了公孙弘，使他转变为筑朔方城的积极支持者。

（二）出生问题

桑弘羊是什么时候出生的呢？他究竟活了多大年纪？这个问题学者们意见不一。有的认为桑弘羊出生于景帝五年（前 152 年）；有的认为他出生于景帝四

中国古代著名商人与商业

年；还有一种认为他生在景帝二年。从有关论述看，这三种观点都依据两条记载：一是《史记·平准书》："（桑）弘羊，洛阳贾人子，以心计，年十三侍中。"一是《盐铁论·贫富》所载桑弘羊的自述："余结发束修，年十三，幸得宿卫，以至卿大夫之位，获禄受赐，六十有余年矣。"这两条材料都认为桑弘羊13岁时开始做官，而他的自述又有着明确的历史年代，乃是在昭帝始元六年（前81年）召开的盐铁会议上的发言，所以从逻辑上说，只要能考订出其"六十有余年"的确切年数，由此上推，就完全可以确定桑弘羊的生年。

如果桑弘羊生于汉景帝前元五年（前152年），在武帝建元元年（前140年）为侍中，汉昭帝元凤元年（前80年）被杀，享年73岁。这样就应了《盐铁论·贫富篇》中桑弘羊的自述了。因为他所说的"六十有余年"，即为13岁服官后"获禄受赐"之年数，而桑弘羊与贤良文学辩论时，为昭帝始元六年（前81年）。由此上溯至武帝建元元年，恰恰为六十年。

马元材在《桑弘羊年谱》一书中认为：桑弘羊生于公元前152年，如果把"六十有余年"理解为"谈话时约略之词"，实际只有六十年。"不必真有六十几岁，始可谓之六十有余年"，这种说法是说不通的。症结就在于忽略了武帝即位是在建元元年的前一年，因而断定桑弘羊年十三进宫是在建元元年。

李运元先生也辨析说：桑弘羊是善于心算的，精于计算数字，因此他所说的年数绝不会含糊夸大，也绝不可能把"六十年"说成"六十有余年"。正因为

如此，所以特在其后加上一个在语法上表"已然之事实"或"言者语意之坚确"的助动词——"矣"字。但即便如此，所谓"六十有余年矣"，究竟是指六十一年还是六十二年，甚或六十三年（由于是考证余年，故六十四年基本没有可能），我们也仍然难以确定。

也有许多学者认为，史书中没有记载桑弘羊侍从过景帝，因而桑弘羊的入仕只能在武帝即位初年。但是我们也可以这样说：史书也没有记载他侍从过景帝，所以他的入仕也有可能就在景帝时期。王利器先生曾提出："桑弘羊是在汉景帝后二年（前142年）以赀为郎的。"这种看法值得人们重视。

王利器分析道：景帝解除了"市井之子孙亦不得仕宦为吏"之禁令，所以桑弘羊就是在此诏颁布之后"以赀为郎"的。但商贾能否参加赀选，争议就很多了。更何况，就算是商贾能够参加赀选，在从后元二年五月到十月仅仅四个多月的时间里（汉武帝太初元年以前，历法皆以十月为岁首），也很难完成诏书向全国下达、洛阳接到诏书后予以公布、参加赀选，然后以赀为郎再由洛阳来到长安，最后被任为侍中的全部过程。

问题是，桑弘羊担任侍中时年仅13岁，他的主要任务其实就是侍从皇帝，而并非被作为真正意义的官员。换句话说，桑弘羊的侍中头衔只是让他有一个进入宫廷为武帝陪读的名义而已。因此，桑弘羊的入仕也完全有可能是在景帝时期。

那么，究竟应如何确定桑弘羊的生年呢？如果一定要说桑弘羊出生于何时，我们倾向于景帝二年，即公元前155年。因为从各种情况来看，所谓"六十有余年"，其最大的可能性就是六十一年，当然这不是绝对的。尽管这在很大程度上仍然是一种推测，但它既符合于人们通常的理解，也与桑弘羊作为执政大臣

不能信口雌黄且精于计算的条件相吻合。所以，我们基本上可以把桑弘羊"为侍中"的时间定在景帝后元二年。这样一来，由于我们对"年十三"主张按周岁计，因而再加上十三年，即可以上溯到景帝二年。

（三）匈奴入侵边地不宁

匈奴是中国北方的一个奴隶制游牧民族，从战国时起就不断侵扰北方边境。当时与匈奴接壤的燕、赵、秦等北方诸侯国为了抵抗匈奴奴隶主贵族的侵扰，曾各自在边界筑起了长城，同时积极备战。赵武灵王"胡服骑射"就是中国历史上著名的抵御外侮的故事之一。秦始皇统一中国后，派蒙恬率三十万大军屯戍北边，并把各诸侯国所筑的长城连接起来，绵延数千里，这就是著名的万里长城。

秦朝灭亡之后，匈奴乘机作乱。楚汉之际，冒顿单于又趁机掠取河南地，统一漠南漠北，多次扰边。

汉初时，匈奴更加强大，不断侵扰边境，对汉朝形成了很大威胁。为实现领地的扩大和侵略更多的财产，他们与汉朝内部的分裂势力勾结，如燕王卢绾、吴王刘濞都曾勾结匈奴势力一起出兵。公元前 200 年，韩王信叛乱，高祖亲自率兵平叛，后大军迎战入侵的匈奴主力，被冒顿单于困于平城（今山西大同），后失败而归。实力的落后迫使汉朝做出了"和亲"的策略，并且每年还要向匈奴赠送大批金银财物，但是匈奴的侵略并未休止，气焰非常嚣张，使汉朝损失了大量的财物。

文帝刘恒时，因国力不振，不得不曲意与匈奴和亲。而匈奴贪婪成性，屡侵汉朝边境。文帝后元六年，匈奴竟大举内寇，深入萧关（今甘肃省固原县东南），烽火几乎达到甘泉宫（宫名，在今陕西省淳化县甘泉山上），举朝上下，君臣俱恐。情势之重，可想而知。汉景帝时期，派御史大夫陶青驰至塞外，与匈奴和亲。景帝前元三年（前154年），国内发生七国之乱，国力更加衰弱。但是，由于实行汉高祖以来的休养生息的政策，加之文、景两朝的精心贯彻，国力也在恢复之中。经济逐步得到了恢复和发展。文帝、景帝时期汉朝实力逐渐加强。在边境问题上，文、景时期都采取了募民屯边的政策，运输粮食，差遣人力充实边关，积蓄抗击匈奴的力量。到武帝时期，匈奴的扰边行为有增无减，这着实惹怒了汉武帝。建元六年（前135年），匈奴又来请求"相亲"。武帝召集大臣商议对策。大行令（官名，负责接待宾客）王恢主战。御史大夫（负责监察的官，相当于副丞相，丞相是协助天子处理政事的人）韩安国主和，而大臣们早已习惯了汉初以来的和亲所带来的暂时的安宁局面，于是大多站在韩安国一边。武帝没有办法，只好同意"和亲"。

两年后（元光二年），武帝再次征求对匈奴和战的意见。王恢和韩安国就此又展开了激烈的辩论，最后武帝支持了王恢主战的意见。从此，西汉从武帝起，开始了对匈奴的大举反攻。

凭借汉初七十余年的恢复和发展，武帝制定了反击匈奴的方针。武帝曾征求桑弘羊的意见，桑弘羊说："汉朝有匈奴的存在，就像生

了蛀虫的木头。又如生了病的人，如不治病，势必更加严重。春秋战国的时候，各诸侯国间也常常订立盟约，但制定的盟约都不是坚固可靠的，更何况是反复无常的匈奴！只有用武力解决，才能使边境的百姓得到安宁。"汉武帝非常赏识桑弘羊这番言语，回想自己即位以来匈奴不下数十次的扰边行为，武帝抗击匈奴的决心更加坚定了。武帝使原有的陇西、北地、上郡等三郡恢复了秦时规模，卫青也因此升为长平侯。河南战役解除了匈奴对长安的威胁。从此，西汉的势力从今陕西北部越过鄂尔多斯，沿阴山西进到今乌兰布和沙漠北部。但是其后，匈奴并未停止对边郡的侵扰，匈奴"数寇盗边，及入河南，侵扰朔方，杀掠吏民甚众"。为确保河南地，汉朝于元朔五年和六年（前124年和前123年）先后两次反击漠南（蒙古大沙漠以南，这次战役史称漠南大战），出兵攻打匈奴右贤王部和单于主力，匈奴被迫退至大漠以北的苦寒地区，从而巩固了汉朝的统治。同时，这次战役也切断了匈奴东部和西部的联系，为尔后出击河西（今河西走廊和湟水流域）匈奴和打通河西走廊创造了有利条件。

汉廷通过这两次大规模的战略反攻，构筑了北部边疆的战略防线，开始加强对河南地的经营，采取了积极开发的战略部署。

元朔六年（前123年）汉廷出击匈奴时，赵信降汉，赵信献计单于——诱汉兵继而取之。这也是伊稚斜单于撤兵漠北的目的之一，诱使汉军北进，在漠北予以歼灭。不料，元狩二年（前121年）汉武帝转而派霍去病率兵两次探入河西，不仅使匈奴的诱兵之计落空，而且还借昆邪王之手杀了休屠王，虏其部众四万余人。于是，汉廷在陇西、北地、上郡、朔方、云中五郡塞外置"五属国"以处之，"陇西、北地、河西益少胡寇"，河西也正式纳入西汉版图。这一范围大约为今甘肃东南部兼庆阳市地带，北接陕西北部。这与河南之战后确定的地域相接，形成牢固的边疆防线。

漠南之战后，考虑到匈奴单于本部及左贤王仍具相当实力，并严重威胁汉朝北部边疆安全的现实，汉武帝决定乘河西新胜之机，加强北线进攻。元狩四年（前119年），汉武帝命令大将军卫青、骠骑将军霍去病兵分两路，大将军出定襄，骠骑将军出代，相约共击匈奴。这就是著名的漠北大战。漠北之战，是汉军在距离中原最远的战场进行的一次规模最大也最艰巨的战役，最终以汉军的全面胜利而告终。这次战役中，共歼灭匈奴军9万余人，使其一时无力渡漠南下，从而出现了"漠南无王庭"的局面。如果说漠南之战后匈奴单于移王廷于漠北可以看做是一种战略转移的话，那么，漠北之战后的"漠南无王廷"则标志着匈奴势力的大范围退缩。危害汉朝百余年的匈奴边患已基本得到解决，匈奴远遁。"汉度河自朔方以西至令居。往往通渠置田官。吏卒五六万人，稍蚕食，地接匈奴以北"（《汉书·匈奴传》）。从此，汉朝开始了对西北边疆的大规模经营。

这几次对匈奴的反击也是规模最大的几次。汉王朝对匈奴战争的胜利，是在克服了种种困难的情况下取得的，广大劳动人民也付出了沉重代价。这之中，最大的困难就是战争经费的不足与短缺。连年战争增加了西汉政府的财政支出。作战要有充足的粮草、武器、战马、人力供应，还要对有战功者进行赏赐及对士兵的生活安排等等。巨额的财政支出使汉初七十余年的积蓄很快就消耗殆尽。汉武帝的理财家们也开始活动，寻求敛财之路。桑弘羊针对当时的战争情况，从法家思想中寻求出路，形成了他独特的财政政策。对抗匈战争的胜利，桑弘羊也起到了一种独特的作用。

二、为命侍中受命理财

（一）经济思想

　　汉武帝时期，匈奴的侵扰尤为频繁，但汉武帝的反击也最为有力和彻底。武帝当然知道财政问题是最大的问题。如果没有强大的财政做后盾，战争根本无法进行。于是汉武帝及其理财家们制定了翔实可行的财政政策。这其中桑弘羊就起到了非常重要的作用。他针对当时的战争现状，结合法家思想的实用之处，形成了两个基本的理财思想——即解决财政问题必须贯彻法家的思想和政策，并根据现实情况进行变通。

中国古代著名商人与商业

　　法家思想在农业方面重视包括家庭纺织业在内的农业的发展。先秦法家提出农战方针，以实现新兴地主阶级富国强兵的要求。在农业政策上废除井田制，发展和巩固封建生产关系，增加农业人口，限制兼并活动，兴修水利，改革农具，改进生产技术，移民垦荒等等。桑弘羊认为这些政策都很重要，应该继续推行。但是单靠这些还解决不了当前的财政困难，还必须采取更有力的措施。

　　在经济方面，法家还主张抑商。为什么要抑商呢？因为中国古代是一个农业社会，提倡农业而抑制商业，是治理国家的一个重要方针。法家主张抑商的目的就是为了打击工商奴隶主复辟势力，也是为了巩固自给自足的自然经济，并保证绝大多数人口从事农业生产，但抑商不等于禁商。另外，桑弘羊充分吸收《管子·轻重》的论点，准备在实际工作中加以贯彻，他认为用商业利润来解决财政困难是很快就能见效的好办法。但是《管子·轻重》夸大了流通过程的作用，这对桑弘羊的财政政策也产生了一定的负面影响。但桑弘羊主要是吸收了它的合理部分。

桑弘羊以这些理论为基础，在实践中加以充实和发展，形成了自己独特的经济思想体系。可以说，桑弘羊是先秦至西汉法家经济思想的集大成者。

另一个理财思想就是，进一步打击工商奴隶主和地方豪强势力，巩固中央集权的封建统治。这也是西汉王朝建立以来同复辟、分裂势力进行长期斗争的延续。因为，豪强地主把持"山海之利"即矿山海盐这些资源，垄断重要生活、生产资料盐、铁的生产和流通，这对政府财政收入和普通百姓都产生了极大的影响。著名的铁商卓氏、程郑、孔氏有的"致富数千金"，有的"富至巨万"。他们不顾朝廷的禁令，大量铸造劣质钱币，扰乱市场，获取暴利。文帝时实行自由铸钱政策，吴王刘濞、大夫邓通铸的钱遍布天下，富裕程度甚至超过了天子。而这使得西汉前期的货币制度极其混乱。再加上工商业奴隶主操纵物价、投机倒把，使得朝廷的财政收入减少，严重破坏了西汉王朝的财政制度，凡此种种，都说明进一步打击工商业奴隶主、豪强地主的斗争势在必行。文帝时，晁错已经揭露了工商业奴隶主势力膨胀以及他们兼并农民土地所带来的严重社会现象，指出："今法律贱商人，商人已富贵矣；尊农夫，农夫已贫贱矣。"就是说，当今汉朝的法律虽然对待商人很苛刻（如规定商人不能做官），但是商人却日益富裕，国家一直以来虽然重视、鼓励农业，但是农民却愈加贫困。这也说明了限制工商业奴隶主是势在必行的，同时也说明了当时的统治者已意识到了社会存在的严重问题。

工商业奴隶主和地方豪强是西汉前期巩固中央集权和地主阶级专政的主要障碍。因此桑弘羊要把进一步打击这两股势力作为制定政策的重心。

基于这两点，桑弘羊制定了翔实可行的财政政策，当他把自己关于理财的设想告诉武帝时，武帝非常满意，于是武帝就把理财的重任托

中国古代著名商人与商业

付给他。这一年桑弘羊33岁，入宫已整整二十年了。

（二）白鹿皮币政策

白鹿皮币政策开始于元狩四年（前119年）的第一次币制改革。当时，前任大农令郑当时已被免职，继任者为颜异。颜异起初为济南亭长，以廉洁正直著称。他上台不久，山东各地发生水灾，民多饥乏。政府遣使赈发郡国储粮来缓解灾情，但仍然不足，又募豪富相假贷，仍然不能缓救灾情。最后采取移民政策，大量迁徙贫民于陇西、北地、西河、上郡及会稽等地，总共约有七十二万五千口。所有这些人的衣食住行等费用都由朝廷供给。

在政府财政方面，自文帝造四铢钱以来，已有四十余年，虽没有什么改变，但从建元以来，也感到了筹码的缺乏。为补救计，往往就一多铜之山，采铜铸造，于是民间盗铸日益成风。那么，何谓白鹿皮币政策呢？白鹿皮币政策，就是对发国难财的大官僚（王侯宗室）要钱的一个具体方法。与"告缗令"为了向发国难财的"富商大贾"要钱的方法相同。原来，汉廷禁苑里养着很多白鹿，而少府则贮藏有很多银锡。在汉武帝召开的御前会议里，明确提出了"更钱造币以赡用，而摧抑浮淫并兼之徒"的议题。于是理财家们制定了一个具体的做法。说"古者皮币，诸侯以聘享。金有三等，黄金为上，白金（即银）为中，赤金（即铜）为下。当今半两钱，法定重为四铢"，但是由于奸人或摩擦钱上铜屑而使货币失重，钱轻而物贵"，于是决定用一尺见方的白鹿皮，周围画上彩色花纹，一张值钱四十万，规定王侯、宗室朝觐皇帝或诸侯聘享，都必须用它来垫璧作为礼品。这实际上是对王侯、宗室强迫征税，是在统治集团内部进行财产再分

配，和劳动人民没有直接关系，所以只在上层贵族中流通和使用。

白金币用银锡合金制成，有三等：一、圆形龙纹币，重八两，每枚值三千钱；二、方形马纹币，重六两，每枚值五百钱；三、椭圆形龟纹币，重四两，每枚值三百钱。这个政策造成了严重的通货贬值，贬值程度在中国历史上是空前的，它对工商业奴隶主和小生产者都不利。但王侯、宗室可以把自己的损失转嫁到劳动人民身上。因此，归根到底，这次改革是以劳动人民为掠夺对象的。

（三）盐铁官营

桑弘羊根据自己的理财思想，采取的第一项措施是把灾区七十二万五千贫民迁往陇西、北地、西河、上郡、会稽等郡落户垦荒，移民的衣食都由政府供给，还贷给几年的生活费用。边境移民通过垦荒发展农业主产，增加国家的经济实力和财政收入的同时还与巩固边防的措施相结合。可见桑弘羊的思想是深谋远虑的战略思想。

桑弘羊凭借自己的聪明才智从 13 岁开始就在武帝身边做侍中，直到 39 岁出任大农丞时，已当了二十六年的侍中。这期间，由于汉武帝全力发动了对匈奴的战争，动员全国上下所有人力、物力和财力进行斗争，所以国家府库的钱财很快就耗尽了。汉武帝虽有雄才大略，但苦于匈奴反复无常、不讲信用，签订和约也没有用。从公元前 133 年起，西汉与匈奴的战争便连绵不断地发生了。战争增加了财政支出，动用了国库中大量的钱财，而这也导致了财政危机的出现，使国库面临枯竭的危险。

元狩三年（前 120 年），朝廷派大农令郑当时负责财政。为了弥补财政的亏空，郑当时向汉武帝推荐了山东有名的大盐商东郭咸阳和河南南阳的大铁商孔

中国古代著名商人与商业

仅，武帝任他们担任大农丞，让他们利用经商的经验和技术负责管理盐铁事务。具体主张就是通过盐铁收归官营，来增加国家的财政收入。东郭咸阳是齐国人，齐国是当时有名的商业区域之一。春秋时期，齐国即以商业著称于世。咸阳之所以能成为大煮盐家，也不是偶然的。孔仅是南阳人，南阳也是当时著名的商业区域之一。所谓"宛周齐鲁，商遍天下"的宛，就是指南阳而言。孔氏起先是由大梁迁移而来的。孔氏在大梁就以冶铁起家，迁宛后仍继续从事冶铁事业，致钱数千万。他利用财富，交接王侯，势力很大，为一方之冠。汉初原来有一条法令，就是禁止商人及其子孙做官，这是高祖为了防止工商业奴隶主的破坏活动而制定的政策。但时间一久，政策就逐渐被破坏了，尤其是在汉武帝时期。

　　这一年，桑弘羊已经 34 岁了，由于他擅长处理经济问题，汉武帝让他帮助东郭咸阳和孔仅进行盐铁官营的规划。经过几人的严密规划，制定了详细的实行措施，即将原属少府管辖的盐铁划归大农令管辖。从少府到大农令，有一个这样的区别，即少府负责的是皇室的财物问题，而大司农是专门负责整个国家财政问题的官职。这是"大家"与"小家"的区别。由国家垄断盐铁的生产，不许私人经营。三人详细讨论后，由孔仅和东郭咸阳通过大农令颜异上奏武帝说："山海天地的宝藏，本来应该属少府，现在陛下不占有它们，交给大农令来增加财政收入。我们建议募民自备费用，让他们向政府领取制盐工具煮盐，产品由政府收购，铁器则由政府生产和销售。那些想垄断山海之货以发财致富，奴役盘剥小民，他们反对这种做法的言论我们不必听，敢私自铸铁器和煮盐的，用足钳（刑具）钳他的左趾，没收他的生产工具和产品。"武帝批准了这个建议，派孔仅和东郭咸阳乘车到全国各地产盐铁的地区，设立盐铁官营的机构，任命原来经营盐铁生产的商人为各地官营盐铁的主管官。但同

时，他们也乘机在各地安插了一批工商业奴隶主担任盐铁官。

盐铁官营在财政收入上有相当显著的效果。《平准书》说："县官以盐铁缗钱之故，用少饶矣。"后来，在盐铁会议时，御史也追述说："当此之时，四方征暴乱，车甲之费，克获之赏，以亿万计，皆应大司农，此皆……盐铁之福也。"不过此时盐铁官营，似乎还只是做到设立机构而止。而其与均输法发生密切关系及积极作用，成为一整套的财政经济机构则是元封元年（前110年）的事了，也就是孔仅等举行天下盐铁官营之后七年，桑弘羊任命孔仅管理盐铁之时，才得以完全实现。

汉武帝对经营盐铁政策的支持以及孔仅、东郭咸阳和桑弘羊对这一新政策的执行，在经济上取得了成效。所以这一政策执行三年后，孔仅就升任为大农令，桑弘羊也被提拔为大农丞。大农令是封建政府掌管财政的最高官员，大农丞是他的主要助手，从这时开始，桑弘羊在理财上就显示出他的突出才干，汉武帝对富有政治眼光和经济头脑的桑弘羊非常赏识，经常和他讨论军事和经济问题。桑弘羊越来越受到汉武帝的重用。

汉武帝向桑弘羊征询意见。武帝认为抗击匈奴之大事，是全国上下有人出人、有力出力的事，尤其在战争不断，军费问题成为首要问题之时。如何解决军费问题？能不能再增加农民的税收呢？面对武帝的疑虑，桑弘羊认为，农民的负担已经够重的了，除了交地税、服劳役外，还要用现钱交纳算赋、口赋、更赋等，如果再加税，他们会不堪重负，从而增加社会的不稳定因素。但问题也接踵而来：军费开支所需要的钱应该去哪里筹集呢？为此，桑弘羊说道："天下有的是钱，有的是生财之道，却不掌握在皇上您的手中；如果把它们拿过来，军费乃至更大的军需就不是问题了。本朝开国以来，实行的都是民间冶铁煮盐的政策，一些大盐铁主垄断了盐铁的生产和买卖，积累了巨大的财富。要增加国家的财政收入，只能从这些富商大贾手中夺回一部分财富。我建议皇上推行盐铁及酒类的官营专卖政策，从富商大贾手里夺回盐铁的贸易和控制权。这样既可以使国库充盈，又能抑制和打击豪强势力。"武帝非常同意桑弘羊的建议，对他更是加以重用。

汉武帝先任命桑弘羊担任治粟都尉（管理全国粮政的长官），由宫廷到政府实际部门工作；接着又让他出任大农丞，掌管会计事务；后来又让他担任大司农、御史大夫等职务，他的政治生涯达到了最高峰。

（四）实行算缗

算缗是国家向商人征收的一种财产税，告缗是没收向国家隐瞒财产而进行少缴纳或不缴纳财产税的财产。这两项政策主要打击的对象是大商业者。这也是由于大规模地对匈奴战争，为了弥补财政不足而对工商业者采取的一种筹款措施。最初提出这个办法的是御史大夫张汤，武帝元狩四年（前 119 年）颁布了推行的法令。但是由于当时的大农令颜异不赞成此事，所以未能认真贯彻执行。桑弘羊出任大农丞后，才在全国雷厉风行地加以推行。

按缗计算税额的征税办法是一算二十钱。具体政策是：从事商业的（包括囤积商品暂不出卖的在内）按营业额（囤积商品按商品价值），从事高利贷的按

贷款额，每二缗纳税一算；从事手工业自产自销的按出售产品价格，每四缗纳税一算；车船要征通过税，每年每辆一般人纳税一算，商人加倍，船身长五丈以上的纳税一算。凡是经营工商业、高利贷的，不管有没有市籍（商人户口），都要纳税。纳税数额根据自报，隐瞒不报或申报不实的，一经查出就没收全部财产，并发往边疆服役一年。检举揭发的人，奖给没收财产的一半。实际上，算缗的税率并不算高，只占营业额或商品囤积额的百分之零点五至百分之一，但是工商业奴隶主追求利润的本性决定了他们必然要对此进行破坏。

此外，桑弘羊针对工商奴隶主"以末致财，用本守之"的兼并和复辟活动，规定有市籍的商人及其家属不得占有土地，违反这一禁令就没收他们的土地和农业奴隶。这一政策的实质，是新兴地主阶级用政治权力来限制工商奴隶主的货币权力，这是上层建筑保护自己的经济基础的一个生动体现。这个政策同理财并无直接关系，桑弘羊将它作为重要措施之一，说明他的着眼点不仅仅限于解决财政困难，而是立足于巩固整个封建制度。

三、大展宏图事业顶峰

（一）担任农丞实行告缗

汉武帝下诏在全国实行告缗运动是有过程的。告缗令创始于元狩四年（前119年），这道诏令的本意是想鼓励富豪如实上报财产，或如实把财产税缴纳给国家。武帝这样做是受了卜式的行为的启发。卜式曾愿将一半的家产捐给国家，以帮助解决边地战争的费用。元狩四年，卜式再次捐钱二十万，以助国家徙民实边的费用。因此，汉武帝非常赏识卜式的做法，就拜他为中郎，同时布告天下，让民众都知道这件事情。哪知此后，豪富巨商乃至百姓不但没有人捐献财产帮助国家，而且隐瞒财产、逃缴财产税的现象更加严重。这使武帝大发雷霆。为了与这些工商业者作斗争，元狩六年（前117年），汉武帝让杨可专门主持告缗的事，发动人们对工商奴隶主逃避算缗的违法行为进行告发。这时作为右内史（管理京师的官）的义纵，认为这是扰民，企图把告缗运动打压下去。于是他站在商人的立场上，指责告缗的人不是好人，公然在京城逮捕杨可的使者，公开和告缗令作对。这件事报告给汉武帝以后，武帝大怒，坚决支持杨可，下令以蓄意破坏告缗为理由，杀了义纵，并将对算缗和告缗持消极态度的大农令颜异撤职并判了死刑。这样，就从政府机构中清除了推行算缗和告缗的障碍，

官商大鳄——桑弘羊

使杨可得以放手进行。

元鼎元年（前116年），博士徐堰奉派到各地去视察民情，竟假传圣旨使胶东、鲁国恢复自由冶铁和煮盐，明目张胆地同盐铁官营政策唱对台戏。他的破坏活动被张汤揭发，武帝派给事中终军审理此案。终军责问徐堰说："现在国家统一，万里同风，你巡行在国境之内，却说是'出疆'，这是什么话？"徐堰最后被处以死刑。

由于实行了桑弘羊的财政措施，元狩四年的巨额财政支出基本上有了着落，从物质上保证了这一年对匈奴战争的大胜利。

元鼎二年，武帝升任孔仅为大农令，命桑弘羊接替孔仅的位置任大司农中丞，负责国家财政收支。有了这个正式的财政官职，桑弘羊能更直接地发挥作用。这年十一月，御史大夫张汤因受人陷害而自杀，这是武帝法家集团的一个重大损失。

桑弘羊当了大农丞后，为了支持杨可把告缗坚持下去，又重申了告缗令。这样，告缗的活动就在全国普遍推行了，"杨可告缗遍天下"，"中家以上"的工商业奴隶主"大抵皆遇告"。武帝和桑弘羊派遣许多官吏到各地治缗钱，依法没收不法工商奴隶主的财产和奴隶，被没收的"财物以亿计，奴婢以千万数，田大县数百顷，小县百余顷"。据《汉书·地理志》记载，西汉末全国共一千三百一十四县，与武帝时大致差不多。依此推算，没收的土地有几千万亩。没收的土地和奴隶的数量都大得惊人，经过这次告缗，中等以上的工商奴隶主大多破了产。这是西汉王朝对工商奴隶主的致命一击，也是反复辟斗争的重大胜利。工商奴隶主的经济实力基本上被摧毁，复辟奴隶制的社会基础受到了一次大扫荡。经过这次轰轰烈烈的告缗活动，汉朝政府得到以亿计的财物，中等以上的工商业者纷纷破产，而政府的国库却充实起来，有力地支援了汉武帝的对外战争。

（二）屯田政策

汉武帝时期进行的规模巨大的事件一是发动对匈奴的战争，二就是经济政策的改革。而后者也是依前者的需要而进行的。

武帝时期的屯田政策还要从张骞出使西域说起。汉武帝时期，西汉王朝达到了鼎盛。而此时匈奴也发展到了十分强大的时期。匈奴控制了天山北麓的西域诸国。冒顿单于骄傲地告诉汉朝皇帝，他已经把射弓的人都并成一家了。

汉代时，敦煌、祁连之间是一块水草丰美的牧野。这里生存着少数民族月氏。西汉初年，匈奴老上单于把月氏王的头骨拿来装酒，并且赶走了月氏。月氏越天山、过大宛，最后征服了大夏，才算重新安定下来。后来武帝听匈奴的降人说，月氏很想向匈奴复仇，但苦于没有帮手。武帝一听，认为这正是联合月氏抗击匈奴的好机会，于是有了公元前138年张骞出使西域的历史事件。我们知道张骞曾两次出使西域。他的第二次出使西域是在公元前119年。目的是联合乌孙。乌孙也是秦汉时期居于西北的一支少数民族。此次联合乌孙是基于这样的考虑：匈奴的势力已经在汉朝的打击下逐渐衰退，而乌孙又强大起来不

肯再侍奉匈奴。汉朝与乌孙联合不仅可以"断匈奴右臂"，还可以招徕大夏等西域诸国。张骞两次出使西域，打通了汉朝同西域的联系通道。从此以后，汉朝开始在西域移民屯田。屯田政策就是因此需要而产生的。汉朝同西域的交通建立后，每年有大批使臣、商旅行走在这条路上，但是此时河西人烟稀少，物资供应仍然很困难。同时这里常年有不间断的军事活动，后勤供应也是一个问题。因此，征和四年（前89年），桑弘羊提出从河西迁民于西域，扩大西域屯耕的意见。他认为，新疆轮台以东地区有大量可屯垦之地，益种五谷，而且河西人口和经济已初步发展，继续加大屯垦力度已具备了相应的条件。而且，屯田可以供给来往于河西的军队、使臣、商旅。但是武帝此时已到暮年，而且国内的政治经济形势也很不振，已经无力扩大对西域的经营，于是下诏停止。这也是历史上有名的汉武帝"罢轮台罪己诏"。桑弘羊的屯田之策没有得到实施，但是汉武帝的后继者实施了屯田策。在汉宣帝的时候，屯田策在西域地区得以实施。

（三）盐铁官营的整顿和发展

桑弘羊自入大农为中丞，创设均输以调盐铁，即有侵入孔仅职权范围的趋势。而告缗令的重申，尤为孔仅所反对。但施行的结果，以均输调盐铁，居然支持了平叛两粤及西羌的军费。而政府方面，也以缗钱盐铁之故，而国用为之少饶。事实胜于雄辩，在武帝眼中，桑弘羊的分量日益增加，这是无可厚非的。孔仅为大农令，不过两年，即被罢黜，武帝对桑弘羊的信心是坚定的，一切财政经济大权完全操纵在桑弘羊一人手中。

随着盐铁官营的实行，其成效也日益显著，但弊端也日

益暴露。由于担任盐铁官的工商业奴隶主的破坏，他们把武帝、张汤、桑弘羊等法家集团准备实行的打击工商业奴隶主的政策，预先泄漏给某些工商业奴隶主，让这些人乘机捣乱。另一方面又以盐铁官的身份为掩护，故意制造劣质的铁器，抬高价格，强迫人民购买，破坏盐铁官营的信誉。张汤也因此自杀而死。张汤死后，武帝和桑弘羊才发现问题出在孔仅、咸阳这些人身上。元鼎四年，孔仅被免去大农令一职。元鼎六年，孔仅和东郭咸阳同窃取御史大夫要职的卜式勾结在一起，开始抨击盐铁官营政策。武帝当机立断，于次年（元封元年，前110年）贬卜式为太子太傅，罢掉孔仅和东郭咸阳的官职，提升43岁的桑弘羊为治粟都尉（也叫搜粟郡尉），兼领大农丞，总管财政经济工作。

由于盐铁官营政策存在上述缺点，执行得也不够彻底。因此，桑弘羊为治粟都尉兼领大司农之后，就在原有的基础上对盐铁官营问题进行了整顿。据《汉书·地理志》记载：全国有二十七个郡设置盐官，共有盐官三十六处；铁官在四十郡中有四十八处。当时盐官的分布，在东北远至辽宁的盖县，西南至云南的安宁，西北达内蒙的河套西北，南抵广州，东南到浙江的海盐。分布之广，规模之大，都是非常罕见的。

官营盐铁业中的主要生产者是民、卒、徒、佣工、工匠等，主要由政府自备资金。具体做法是，由官府招募民间百姓从事煮盐，官府供给煮盐用的器具，并按煮盐数量给生产者以佣钱，这其中也包括口粮，产品全部由官府统销。

据《盐铁论·禁耕篇》记载：煮盐冶炼的地方，大部分都靠近山川，距离非常遥远。各郡服役卒由于无法忍受路途遥远、劳动强度大的状况，往往雇人代替自己服役。而在铁的运输过程中，官府按户口让民户运输铁器，同时故意压低运费。这些民户还要雇佣人代他们送到地点，发给这些人佣钱。费用之大，使百姓深受其苦。

《盐铁论·水旱篇》中记载：盐铁业中，卒、徒是主要生产者，卒是服徭役、兵役的农民。徒是刑徒，是罚服苦役的罪人。刑徒在服役期间不能任意买卖和杀害，在法律地位上是民的一部分。此外，在官营盐铁业中劳动的也有奴婢。如武帝于后元元年（前88年）让赵过推行代田法，就曾在盐铁业中安置了奴婢从事劳动。

总之，武帝官营盐铁之后，官营盐铁业中的劳动者是服役的卒、刑徒和招募的民、佣工、工匠。虽有奴婢，但奴婢不是主要力量。

盐铁官营大大缓解了财政困难。在元封元年桑弘羊为治粟都尉兼领大农丞。在此之前的元鼎五六年间，汉朝大举出兵匈奴，耗费军用物资巨大，但这些钱财物资都靠盐铁官营等经济改革的收入而解决了。在增加财政收入的同时，也打击了分裂割据势力。诸侯王凭借对海盐矿山等资源的垄断，煮盐铸铁，经济势力膨胀，收买人心，势力壮大，终将导致叛乱。而盐铁官营，则有助于削弱诸侯王的经济势力，使其无法与中央抗衡和发动叛乱。

但是，武帝时的盐铁官营也有其失误之处。盐铁官营是一种垄断性的经营，产品的品种少，而社会需要又呈现多样性，其他各种冶铁业又被禁止，

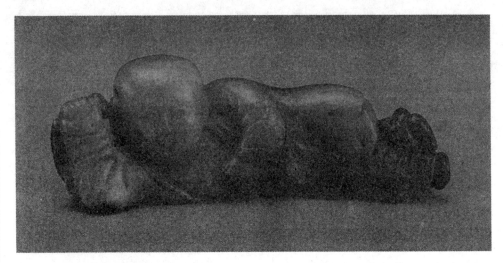

因此无法满足社会的多种需求。另外，官府管理盐铁的官吏多是从盐铁业转化来的，这些人从中作弊、扰民。这主要表现在：一、铁器质量低劣，不切实用。农民所用铁器钝弊，致使从事农业的农民所获极少，生活艰难。二、农民购买不便。三、官吏不法。政府为了增加收入，对盐铁的销价定得太高，而质量和品种也有问题，一些官吏又常常强制农民购买，因而增加了农民的负担和不便。桑弘羊对盐铁官营中出现的这些问题，他也是有所认识的。当有人以此来攻击盐铁官营本身时，桑弘羊就说："这是一个如何选择好盐铁官吏的问题，而不是盐铁官营本身造成的。"

不论如何，盐铁的专卖并不仅仅是一项经济政策，还有着政治意义，因此它才成为西汉政府的一项基本国策。

（四）推行均输平准政策

什么是均输法呢？桑弘羊在盐铁会议上曾做过如下解释：各郡国上交朝廷的贡品，一律按照当地的市场价格折合成出产的产品，交纳国家后由均输官统一调运到缺乏这些产品的地区出售。这样做使各郡国不用为了贡物而派人四处采购物品，而中央政府也可以借货物的地区差价，从中获得利润。显然，均输法对中央和地方政府都有利，也减轻了百姓的负担，打击了商人的暴利。

这样说来，均输法的本意就是以国家的力量，将各地的多余与不足之物，灌输而流通之，按桑弘羊的话说就是"多者不独衍，少者不独馑"，从而使"货

官商大鳄——桑弘羊

通其流"。桑弘羊设立均输的重要目标就是要"均有无而通万物",使"外国之物内流,而利不外泄",换句话说,就是要以国家替代商人,而实行商业官营。这一方面他继承了父亲的商人传统观点,另一方面也可以说是从他的同乡贾谊的《陈政事疏》中的建议演绎发展而来。

关于均输法的详细内容,也经过了从试办到最终推行的过程。一是元狩五年(前118年)铸五铢钱,孔仅、东郭咸阳提议实行盐铁官营,过了三年,到元鼎二年(前115年)置均输。这在《史记·平准书》中有记载。这次的实行还是出于试验阶段。二是元封元年(前110年)桑弘羊为治粟都尉,领大农丞,置均输到了实质性的推行阶段。这一年因为诸官府囤积货物在市场上出售,互相争利,使物价上涨,而转输所得的货物有时还不够抵偿雇佣工人的运费,所以桑弘羊上书武帝请求设置大农丞数十人,分往各郡国,向各县推行均输法,武帝欣然同意。这样,均输法才得以在全国实行。

这样,均输法与盐铁官营相结合,解决了当时政府的财政危机。均输转贩运来的物资也起到了应急的作用,同时也减轻了偏远地区的运输负担,打击了靠贩运物品发财的大商人。

但是,均输政策在执行过程中也存在一些弊病,这就是国家原来是要求把各地的物产运往中央,但执行时却发生了舍弃农民生产的东西,索取农民不生产的东西的现象,同时又设法迫使农民低价卖出自己的货物以满足朝廷的要求。有的郡国还用行政命令让农民做布絮,官吏任意刁难,收购入官。这些情况又加重了农民的负担。

总之,均输、平准是国家通过垄断商业活动增加收入以解决财政困难的办法。虽然有其积极作用,但执行过程中出现种种弊病也在所难免。

（五）纳粟买官或赎罪

桑弘羊在制定并实施强有力的盐铁官营、均输平准等经济政策之外，还发展了纳粟买官或赎罪的办法。汉代的卖爵、卖官、赎罪等措施在武帝以前就实行过。即准许纳粟免徭役或免告缗，依据不同对象而定：官吏纳粟可以补官，罪犯纳粟可以赎罪，一般人民纳粟可以免除终身徭役，商入纳粟可以免除告缗。纳的粟输送到太仓、甘泉仓（在今陕西洛河北）和边郡贮存。这一政策实行仅一年，太仓、甘泉仓就贮满了粮食，边郡也有了余粮。纳粟政策有利有弊，它使国家在不增加田赋的情况下掌握了更多的粮食备战御荒，还有助于提高粮价，防止谷贱伤农，促进农业生产的发展。但它对缺粮的贫苦农民不利，而且在一定程度上违背了任人唯贤的法家路线，并使罪犯和工商奴隶主残余势力有空子可钻。

卖爵赎罪的制度始于汉初。买爵三十级免死罪对国家来说，这除了是一种政德外，还可以得到一笔收入，有利于解决当时的财政困难。

文景之时卖爵赎罪制度又有发展。晁错说："招募天下人入粟买官，可以

官商大鳄——桑弘羊

（五）纳粟买官或赎罪

桑弘羊在制定并实施强有力的盐铁官营、均输平准等经济政策之外，还发展了纳粟买官或赎罪的办法。汉代的卖爵、卖官、赎罪等措施在武帝以前就实行过。即准许纳粟免徭役或免告缗，依据不同对象而定：官吏纳粟可以补官，罪犯纳粟可以赎罪，一般人民纳粟可以免除终身徭役，商入纳粟可以免除告缗。纳的粟输送到太仓、甘泉仓（在今陕西洛河北）和边郡贮存。这一政策实行仅一年，太仓、甘泉仓就贮满了粮食，边郡也有了余粮。纳粟政策有利有弊，它使国家在不增加田赋的情况下掌握了更多的粮食备战御荒，还有助于提高粮价，防止谷贱伤农，促进农业生产的发展。但它对缺粮的贫苦农民不利，而且在一定程度上违背了任人唯贤的法家路线，并使罪犯和工商奴隶主残余势力有空子可钻。

卖爵赎罪的制度始于汉初。买爵三十级免死罪对国家来说，这除了是一种政德外，还可以得到一笔收入，有利于解决当时的财政困难。

文景之时卖爵赎罪制度又有发展。晁错说："招募天下人入粟买官，可以

官商大鳄——桑弘羊

得到爵位。也可以免罪。"文帝接受了晁错的建议，下令规定："入粟于边，六百石可为上造（上造是第二等爵），再加四千石就可以成为五大夫（第九等爵），一万两千石可以为大庶长（第十八等爵）。

各个爵等的高低完全按入粟多少来决定。"文景时期的卖爵与惠帝时期相比，是有所不同的。如惠帝时卖爵以钱计，文帝时是按二十等级制卖爵。惠帝时卖爵级别有三十级，一级两千；文帝时期是按二十等爵制卖爵，从二等爵上至九等爵五大夫，相差七级，每级平均差484石。从五大夫至十八等级爵差九级，平均每级差888石，可见文帝时卖爵，卖的级别越高，差价也就越大。惠帝时仅能卖爵赎罪，文帝时卖爵不仅可以赎罪，还可以免除徭役。

到了汉武帝时期，为了解决财政困难，卖爵、卖官与赎罪制度作为一种应急措施而被采用。例如，元朔五年（前124年），大将军卫青率六将军与十余万军队击右贤王。元朔六年大将军又率六将军击胡，府库耗竭。为了解决财政困难，武帝令有关机构商议"令民买爵及赎禁锢免减罪"，群臣商议后，奏请置武功爵及其他有关的买卖、减罪、补吏、封官的办法。如武帝时的"入奴婢"，"入羊"可以买爵、买官、赎罪；又从令民、募民这样做，发展而为令吏也是这样做。这说明从惠帝、文帝、景帝到武帝时卖爵、卖官、赎罪制总的趋势是在发展和扩大之中。

桑弘羊的出色成就，使武帝对他极为信任和重视，一直让他身居朝廷要职。

（六）酒榷令的实行

大司农即以前的大农令。自景帝后元元年（前143年），始更治粟内史为大农令，直到武帝太初元年（前104年），将大农令改称为大司农，天汉元年（前

100 年），武帝正式任命 53 岁的桑弘羊为大司农（原来是兼职）。

在汉代，饮酒之风很盛行，酒的消耗量很大。据司马迁在《史记》中统计，汉代经营的工商业可以致富的共有三十多种行业，而酿酒列于第一等行业，可见当时酒类的利润之高。天汉三年（前 98 年）少府丞令建议实行酒榷，就是国家对酒类实行专卖，这一建议得到了桑弘羊的支持，报请汉武帝批准后，就立即付诸实行了。

酒类专卖是武帝实行的最后一项官商垄断经营，也是最早被解除的一项官商专卖经营。酒类专卖当时叫做"榷酤"。什么是"榷酤"呢？"榷"的含义从字面意思来理解是指独木桥，后来转义指专卖而言。"酤"通"沽"，指买酒、卖酒而言。"酤酒"政策就是指汉武帝时期的酒类专卖政策。酒在中国古代时期就是很盛行的，有很多与酒有关的故事。据说商朝亡国的原因之一就是酗酒，所以周初吸取了这个教训，严禁周朝人酗酒。西汉初期，由于粮食缺乏，所以要节约粮食，在这种情况下就发生了禁止买卖酒的现象。实际上，禁止酒的买卖，是想通过此种政策达到让人们少酿造进而节约粮食的目的。景帝时期，承接高祖以来休养生息的政策，社会经济有所恢复，粮食也变得充足起来，于是在景帝末年就解除了买卖酒的禁令。文献所记载的西汉解除酒禁就是从景帝后

官商大鳄——桑弘羊

元元年（前143年）开始的。于是才有了武帝时期多次"大酺五日（大聚饮）"的记载。当朝廷遇到大的礼仪活动时也有赐民牛、酒的现象。随着酒禁的解除和酿酒业的逐渐发展，"酒"在人们生活中成为了一种最普通、最常见的日常生活用品。酒类酿造与买卖也成为了一项能够获利的事业。

酒类虽然成为一种发财之道，但是，在武帝时期由于国家政治经济条件所迫，不得不进行了改革。一是长期对匈奴的战争虽取得了重大胜利，但是对国家财政的消耗也是空前的，为此，在武帝元狩四年到元封年间进行了多项经济改革措施，盐铁官营、均输都是在这样背景下实施的。二是元封年间以后，朝廷的开支虽然没有了大规模的军用支出，但是从元封元年开始武帝又进行了大规模的封禅活动，每五年就要去泰山祭祀。每次的花费都是巨大的。三是元封二年堵塞黄河瓠子决口后，在全国兴起了一个兴修水利的高潮，花费了巨大的人力、物力。四是元封以后水旱灾荒频繁，有时受灾面积大、灾情重、流民多，赈济灾民也是一笔巨大的开支。另外，汉武帝奢侈、挥霍无度的生活也加剧了国家财政的拮据。

天汉二年李广利击大宛，李陵率步卒五千投降匈奴，此时国内又出现了财政困难。天汉三年（前98年）春"初榷酒沽"，开始禁止民间酿酒、买酒，于是这一财源为国家所垄断。自从朝廷开始垄断酒的专卖后，普通百姓不得卖酒了。此后，酒类专卖就成为汉武帝后期设置的官营专卖事业。

公元前87年汉武帝去世后，昭帝始元六年（前81年）二月召开的盐铁会议上，贤良文学就开始批判武帝时期的经济措施，并提议罢黜盐铁官营、均输平准、酒类专卖等经济改革措施。这年七月，朝廷下令最先罢了"榷酤令"，取消了酒类专卖，而其他的经济改革措施仍然保留了下来。

四、盐铁会议

（一）雄辩之才

汉武帝从巩固和发展统一的中央集权的专制主义制度的政治需要出发，坚决采用了革新的政治措施，强化了中央集权制度，并以全力抗击了匈奴，改变了北方强敌压境的局面。而桑弘羊则完全站在武帝一边，他从财政经济的具体措施上，帮助汉武帝制定并贯彻执行了一系列对内对外的经济政策。特别是掌握全国经济命脉的盐铁官营政策，有力地支持了汉武帝的政治主张。这种官营政策，是汉武帝利用国家政权，在经济上进一步铲除奴隶制残余，巩固和发展封建生产关系的一项重要措施，是汉朝富国强兵的基础。因此，它必然遭到一些富商大贾以及在政治思想上有不同倾向者的强烈反对。早在元狩年间开始设立盐铁官时，就引起了一连串的"沮事之议"。董仲舒和司马迁首先在理论上提出反对意见，董仲舒主张盐铁皆归于民；司马迁则把武帝一代的经济政策尽量列举，予以贬责。并引用卜式的话"烹弘羊，天乃雨"来表示对桑弘羊的怨愤。

另一方面为受到打击的代表人物如蜀卓氏，南阳孔氏等富商大贾树碑立传。种种情景说明武帝的经济财政政策受到的反抗是一直存在的。武帝死后，昭帝时，又提出"罢盐铁"、"退权力"的主张。利用政府诏举贤良文学"问以民间疾苦"的机会，极力反对武帝以前的政治措施。著名的盐铁会议就是这样产生出来的。

所谓盐铁会议，不仅是讨论盐铁问题，凡是汉武帝所实行的一切财政经济措施如均输平准、

币制改革、酒类专卖等政策，都在讨论之列，甚至对于重刑罚还是重德教，重农还是重商，抗匈还是和亲等问题也进行了激烈的争论。所以这次会议是一次不同政治主张者的辩论会。

这次会议是在汉昭帝始元六年（前81年）举行的。在这一年，杜延年看到了武帝留下的即将败落的社会景象，屡次向霍光提及，认为国家连年歉收，人民四处流浪无法还乡，应该重修文帝时的节俭之政。霍光采纳了他的意见，因此诏令郡国贤良文学，讨论民间疾苦。

在这次会议上，政府方面的大臣有丞相田千秋、御史大夫桑弘羊及丞相史、御史等。在地方代表方面，留下姓氏的贤良文学有茂陵唐生、文学鲁万生、九江祝生等共六十余人。丞相田千秋是这次会议的主持人，但他发言不多，只是在双方辩论激烈的时候，讲一些折中调解的话。政府方面的主要发言人，是御史大夫桑弘羊，他紧密结合当时政治经济形势，运用商鞅、韩非等思想家的学说，以雄辩的口才舌战诸贤良文学，共发言一百一十四次，把贤良文学驳得无言以对。

这次会议是分两个阶段进行的，第一次以盐铁、均输、酒榷等财政经济政策的兴废为讨论的主题。贤良文学主张罢黜，而桑弘羊反对罢黜。结果，政府方面允许罢去酒类专卖这一政策，而其他的则加以保留。会议结束之后，贤良文学要返回郡国时，他们向丞相和御史大夫辞行，因为前一段讨论激烈，言犹未尽，所以在辞行的时候，又接着进行了辩论，这可以算是非正式的讨论会。这次以匈奴问题为中心，桑弘羊认为应该继续完成武帝遗志，而贤良文学予以否定。在这次会议中，双方还讨论了是重罚还是应重德教的问题。

这次会议讨论的问题涉及面很广，当时汝南人桓宽根据会议的发言，将其

中国古代著名商人与商业

记录整理成《盐铁论》一书，所以一般都把这次会议叫做"盐铁会议"。这次会议是以桑弘羊为代表的政府一方与以贤良文学为代表的民间一方对汉武帝时期推行的各项政策进行的讨论和评价。霍光非常重视这次会议，但是他没有出席这次会议。从他当政后施行的政策看，他是按汉武帝轮台诏的精神进行的。这也是他与桑弘羊在政见上的分歧所在。所以，这次会议从政治上来说，是有利于霍光而不利于桑弘羊的。但是桑弘羊的雄辩口才使其在理论上仍处于上风，汉朝的国家政策决定权也没有完全掌握在霍光手中。

盐铁会议结束后，一场迫害桑弘羊的阴谋便在孕育之中了。元凤元年（前80年）九月，霍光指使杜延年、杨敞诬陷桑弘羊勾结燕王刘旦（武帝之子，昭帝之兄）谋反，对桑弘羊下了毒手。于是桑弘羊及其家人都惨遭冤杀。在这起事件中，上官桀也没有逃出霍光的手掌，也一同被杀。于是，排除异己之后，霍光将更大的权力掌握在自己的手中。桑弘羊死后，西汉王朝的法家路线在昭帝和宣帝时又继续执行了三十多年。直到元帝刘奭即位后（前48年），儒家路线才又占了统治地位。

桑弘羊虽然惨遭不幸，但是他辅佐汉武帝执行的法家路线和各项政策，对维护国家统一、巩固新生的封建制度、抗击匈奴的侵扰、消除复辟和分裂危险，作出了重要的贡献。他是上升时期的地主阶级的政治代表，执行了一条

正确的法家路线。在一定程度上反映了当时广大人民群众的要求，使他们取得了重大的成就。但同时，他作为地主阶级的代表，与农民阶级的关系是统治与被统治、压迫与被压迫、剥削与被剥削的关系，他们之间的矛盾是不可调和的。武帝时期已经有局部的农民起义，元帝以后，这两个阶级的矛盾越来越尖锐，最终导致了西汉王朝的覆灭。

（二）经济思想

桑弘羊在盐铁会议中，充分阐明了自己的经济观点，他非常重视工商业的作用。桑弘羊认为，工商业和农业一样，是人们生活中不可缺少的。各种各样的"养生送终之具"必须"待商而通，待工而成"。如果没有工商业，就不利于农业的发展，满足不了社会生活的需要。因此，"工不出，则农用乖；商不出，则宝货绝。农用乏，则谷不殖；宝货绝，则财用匮"。正因如此，桑弘羊认为发展工商业也能使国家致富。"富国非一道"，不一定是非搞农业不可。

桑弘羊作为封建国家的财政主管，主张由国家"塞天财，禁天市"，垄断山海之利，垄断铸币和直接从事工商业活动，以取得支配社会经济生活的轻重之势，使"天下之下我高，天下之轻我重"，然后由国家利用轻重之术，即通过控制商品、货币流通等经济手段，在国内排斥富商大贾，"建本抑末，离朋党，禁淫侈，绝并兼之路"。在国外则损敌国之用，使"外国之物内流而利不外泄"，实现富国除害双重目的。同时，桑弘羊还提倡扩大消费，认为"古者宫室有度，舆服以庸；采椽茅茨，非先王之制也"。而且，桑弘羊还把官营经济事业扩展到农业领域，赞同广兴屯田。

总之，轻重论在汉武帝时期经过桑弘羊的充实和推广，已扩充为包括轻重

之势、轻重之术的封建国家宏观经济管理体系，他是以管子的思想为主、兼融各家思想的结晶。轻重论主张由国家扩大财源而不增加百姓赋役，对国家经济活动的管理和调控不可单纯依靠行政命令，必须运用经济规律，这些思想都具有一定的科学性和可行性，对后来的社会产生了巨大影响。但是轻重论强调流通而不重视生产，认为富国不可只依靠农业，只要通过轻重政策控制流通领域才能起到决定作用。

官商大鳄——桑弘羊

五、评价桑弘羊

桑弘羊从他 13 岁在武帝身边做侍中起，到他惨遭冤害为止，也就是在汉武帝当政期间，和在昭帝即位后最初几年，他是支持和执行汉武帝的政治改革措施的，但由于受到崇尚的世界观的驱使，到了晚年在政治上失足，以致身败名裂。

桑弘羊死后，在如何评价桑弘羊的问题上有着很大的争论。儒家对桑弘羊这个法家思想的代表人物进行了诽谤和攻击。宣帝时，桓宽所记的《盐铁论》虽然比较完整地保存了盐铁会议上政府与地方辩论的问题和内容，但是桓宽的立场是倾向于儒家的，他有意贬低桑弘羊。东汉班固在《汉书》中也不为桑弘羊立传。宋代司马光曾诋毁桑弘羊"不增加赋税国家就能充足，这不过是设法用隐性的、转嫁的手段来加重人民的负担，它所带来的害处要远远超过加重赋税所带来的后果"。苏轼也咒骂桑弘羊"法术不正"、"民受其病"。

然而后代的许多法家和进步思想家则充分肯定了桑弘羊的历史功绩。北魏贾思勰说："桑弘羊实行的均输法利国利民，是一项伟大的经济措施。"唐朝的刘晏曾把自己的理财政策比作桑弘羊的"重兴功利"。北宋的王安石则说："能使天下之物互通有无、均济贫乏的人，只有汉代桑弘羊和唐代刘晏最适合。"这实际上是在赞扬桑弘羊和刘晏的功绩，同时也在为自己的变法制造新的舆论。明代李贽则把桑弘羊列入了"富国名臣"的行列。由于历史和阶级的局限，对桑弘羊的评价不可能完全准确。研究桑弘羊的一生及其思想，要从当时的历史条件和社会现实出发，力争将其放在整个社会这个大环境之中，从而给予比较合理和正确的评价。